HOSHIORI 星栞

2023年の星占い
射手座

石井ゆかり

射手座のあなたへ
2023年のテーマ・モチーフ
解説

....

モチーフ：バレンタインチョコレート

....

　2023年は射手座にとって「愛と情熱の年」です。様々な方向から愛や情熱の追い風が吹き続け、あなたの内なる炎を煽ります。ゆえにバレンタインチョコレートを選んでみました。射手座の人々は「追いかける愛」を好む傾向がありますが、愛は「受け取る」ことも重要です。2023年、あなたは愛を贈ると同時に、受け取ることの深遠さをも学ぶことになるでしょう。中には遠い距離、長い時間を越えて、愛の架け橋が架かる「奇跡」を体験する人もいるかもしれません。

はじめに

　こんにちは、石井ゆかりです。

　2023年は星占い的に「大物が動く年」です。「大物」とは、動きがゆっくりで一つの星座に長期的に滞在する星のことです。もとい、私が「大物」と呼んでいるだけで、一般的ではないのかもしれません。2023年に動く「大物」は、土星と冥王星です。土星は2020年頃から水瓶座に位置していましたが、2023年3月に魚座に移動します。冥王星は2008年から山羊座に滞在していましたが、同じく2023年3月、水瓶座に足を踏み入れるのです。このように、長期間一つの星座に滞在する星々は、「時代」を描き出します。2020年は世界が「コロナ禍」に陥った劇的な年でしたし、2008年はリーマン・ショックで世界が震撼した年でした。どちらも「それ以前・それ以後」を分けるような重要な出来事が起こった「節目」として記憶されています。

　こう書くと、2023年も何かびっくりするような出来事が起こるのでは？と思いたくなります。ただ、既にウクライナの戦争の他、世界各地での民主主義の危機、

世界的な環境変動など、「時代」が変わりつつあること を意識せざるを得ない事態が起こりつつあります。私 たちは様々な「火種」が爆発寸前の世界で生きている、 と感じざるを得ません。これから起こることは、「誰も 予期しない、びっくりするようなこと」ではなく、既 に私たちのまわりに起こっていることの延長線上で「予 期できること」なのではないでしょうか。

　2023年、幸福の星・木星は牡羊座から牡牛座を運行 します。牡羊座は「はじまり」の星座で、この星座を 支配する火星が2022年の後半からコミュニケーション の星座・双子座にあります。時代の境目に足を踏み入 れる私たちにとって、この配置は希望の光のように感 じられます。私たちの意志で新しい道を選択すること、 自由のために暴力ではなく議論によって闘うこと、な どを示唆しているように読めるからです。時代は「受 け止める」だけのものではありません。私たちの意志 や自己主張、対話、選択によって、「作る」べきもので もあるのだと思います。

◆ 本文中に出てくる、星座の分類は下記の通りです。

火の星座：牡羊座・獅子座・射手座　　　地の星座：牡牛座・乙女座・山羊座
風の星座：双子座・天秤座・水瓶座　　　水の星座：蟹座・蠍座・魚座
活動宮：牡羊座・蟹座・天秤座・山羊座
不動宮：牡牛座・獅子座・蠍座・水瓶座
柔軟宮：双子座・乙女座・射手座・魚座

《参考資料》

・『Solar Fire Gold Ver.9』（ソフトウェア）/ Esoteric Technologies Pty Ltd.
・『増補版　21世紀　占星天文暦』/ 魔女の家BOOKS　ニール・F・マイケルセン
・『アメリカ占星学教科書　第一巻』/ 魔女の家BOOKS　M.D.マーチ、J.マクエバーズ
・国立天文台 暦計算室Webサイト

HOSHIORI

射手座 2023年の星模様

年間占い

✻ 「役作り」の時

　射手座の2023年は、言わば「役作り」をする年です。お芝居などをするにあたり、俳優は自分が得た役の動き、表情、話し方などを「作る」作業をします。台本通りに台詞を言っていても、喋り方がバラバラだったり、態度に一貫性がなかったりすれば、お芝居の筋がよくわからなくなることもあります。「この人はこんな人生を歩んできた、こういう価値観の人物で、他の役との関係がこのようになっているから、こういう喋り方をするのだ」という「役作り」ができていて初めて、演技に一貫性と説得力が生まれ、お芝居の筋もわかりやすくなります。どんな端役でも、たとえ通行人でも、「役作り」が必要な場合があります。

　もちろん、これは「2023年の射手座の人々がお芝居をする」という占いではありません。上記は、単なる比喩です。演劇でなくとも、私たちは日々、自分の役割を作り、それに従って生きています。昨今では「キャラを作る」という言い方もあります。「自分は明るく

て積極的なキャラクターだ」という設定を心の中に抱き、それに沿って行動する人がいるのです。「本当は今、あまり話したくないけど、それはキャラ設定に合わないから、無理をしてしゃべって、場を盛り上げなければ！」などと考える人が少なくないそうです。自分で創り上げた「キャラ」と本来の自分の性質とがあまりにもかけ離れていると、おそらく、かなり辛い状況になるでしょう。その場その場である程度「キャラを作る」にしても、自分自身の本質に重なるところが大きいほうが、楽に生きられそうです。

　「キャラ作り」「役作り」は、周囲との関係の中で行われます。みんながこういう「キャラ」を必要としている、周囲にこういう動きを期待されている、等の意識が、自分の「キャラ作り」「役作り」に強い影響を及ぼします。ほとんどの場合は無意識に、周囲との関わりの中で受け取るフィードバックによって形作られていきます。「自然にムードメーカー的な役割をやっていた」「特に意識してはいなかったが、サポート役に回るようになっていた」というふうに、「なんとなくそうな

っていく」ことがほとんどです。

　ですが2023年の射手座の人々は、周囲の人たちとの関係性の中で、「自分はこういう役を担おう」というふうに、自分の役割や立場性を意識的に創造していくだろうと思うのです。今の自分が置かれている環境、周りの人々の状況、自分が持っている力、そうしたものを勘案して「自分が今果たせるのは、こういう役割ではないか」というふうに、意志をもって自分の役目を形作り、ナカミを濃くすることができるのです。これまで「これは自分のタスクだ」と捉えていたことを、2023年に思い切って手放す人もいるかもしれません。身近な人が涙ぐみながら「実は、この部分で困っているから、サポートして欲しい」と打ち明けてくれて初めて、「なるほど、自分が注力すべきはそこだったか！」と開眼する人もいるでしょう。果たせる役目、役柄は、周囲の変化と自分の成長によって、変化していきます。その変化の振り幅が非常に大きいのが、この2023年なのだろうと思うのです。

　これまで主役を張っていたけれど、ここからは一時的に脇役に回る、といった選択をする人もいるかもし

れません。これまでは守られる立場だったけれど、こ
こからは守る側に立つ、という人もいるかもしれませ
ん。「自分がやらなければ、誰もやる人がいないから、
仕方なく引き受ける」といった役割でも、それを担っ
ていくうち「なるほど、この役割はとても重要だし、自
分に合っている部分もある」と気づき、「押しつけられ
た役割」を「自分で選び、引き受けた役割」へと捉え
直す人もいるかもしれません。みんなが困っているこ
とを解決するために、自分がリーダーになる、という
選択をする人もいるでしょう。

　この時期の「役作り」は、人によってその内容が大
きく異なります。ただ、共通しているのは「みんなの
ために」という点です。自分自身だけの利益のために
動く人は、この時期はほとんどいないでしょう。大切
な人がいて、守りたいものがあって、だからこそ「こ
の役をやっていこう」という気持ちが湧いてきます。必
要とされ、頼られていることを実感した上で、「では、
何ができるか」を考えられる時なのです。

❄ 才能の発見、才能の開花

2022年5月半ばから2023年5月半ばにかけて、「愛と情熱の日々」が続いています。好きなことに思い切り打ち込んできた人、クリエイティブな活動において大チャンスを掴みつつある人も少なくないはずです。才能を発揮できる場や、アイデアを活かす機会に恵まれ、大活躍している人もいるのではないでしょうか。「自分には特別な才能などない」と思っている人も、この時期に出会った誰かに「才能を引き出してもらう」ような展開になる可能性があります。誰かにほめられたり、「これをやってみれば？」と勧められたり、あるいは経験のない仕事を任されたりして、「なるほど、自分はこれが得意かもしれない！」とわかるのです。それが才能なのかどうかを判断する基準は、「その活動に取り組んでいて、楽しいか・続けてみたいと思えるか・辛くないか」という点です。ある作業に取り組んで、「夢中でもくもくとやり、明日もやりたいと思える」ならば、それは立派な才能です。他人との比較ではなく、まず「続けたいと思える」ことがポイントです。

❄ 苦手意識の対象が、情熱の対象に変わる

　2020年頃からコツコツ学んできたことがある人は、そろそろ「修了」や「卒業」が視野に入っているかもしれません。この3月に文字通り「卒業証書」のようなものを手にする人もいるだろうと思います。資格取得やなんらかのスキルの習得に関して、苦しみながらも少しずつ進んできた経緯がある人ほど2023年3月は努力が実を結ぶ喜びを深く味わえるはずです。

　さらに3月以降、辛かったはずの学びが、一転して情熱の対象となる可能性もあります。最初はちんぷんかんぷんだったのに、次第に基礎が身につくと、一転して「がぜん、面白くなってくる」のです。気がつけば夢中になってその分野を研究し始めたり、伝道師のような役割を担ったりする人もいるだろうと思います。苦手意識が情熱へと一変する、かなり強烈なシフトがこの3月に起こる可能性があります。

　2020年頃から厳しい条件下でビジネスを続けてきた人は、2023年から2024年を境にその「継続」が実を

結び、一転して莫大な利益を挙げるルートに入ることになるかもしれません。地道に開拓したフィールドが「化ける」展開もあり得るタイミングです。

﹛ 仕事・目標への挑戦／知的活動 ﹜

　「伝統の職人技」とはよく耳にするフレーズですが、優れた「職人」ほど、経験に基づいた独自のアップデートを重ねているものではないかと思います。先人に学ぶのはもちろんとして、その先に、なにかしら革新的なものを生み出したいという思いを、多くの「職人」さんたちは抱いているだろうと思うのです。

　2023年の射手座の人々の仕事には、「職人の革新性」のようなテーマが刻み込まれています。コツコツやってきたこと、引き受けている任務、日常のルーティーン。一見「繰り返されている」ことの中に、なにかしら新規な要素、新しいこと、自由な発想が加わって、道が拓けていくのです。この「新しいこと」は、これまでの経験の上に自然に発想されます。ムリヤリ外から変わったものを持ち込む、ということではなく、「ずっと続けているからわかったけれど、この仕事のこの部

分は、もっとシンプルな別の方法に置き換えられるのでは？」といった展開になるのです。経験値の上に生まれる、クリアでシャープな「新案」が、2023年の射手座の仕事の風景を、大きく変えていきます。

　2023年半ばから2024年半ばにかけて、異動を経験したり、転職、独立を選択する人も多そうです。「異業種に飛び込む！」というようなキャリアの転換ではなく、「就労条件が少しでも望ましいところに行く」ような転職となるでしょう。より自由にのびのびと暮らすために、働き方を変えたい、という思いが強まります。
　あるいは「この人のためにもっと頑張りたい」という気持ちが湧いてきて、自ら仕事のポジションや内容を変化させていく人もいるはずです。

　2019年頃から「働き方改革」のような試みをしてきた人も少なくないはずです。より自由な、より新しい生き方・働き方・暮らし方ができないか、というスタンスに立ち、試行錯誤を続けてきた人が多いはずです。その「自由な暮らし方への試み」が、一気に現実化し

て花開くのがこの2023年5月からの1年です。あなた
の価値観への賛同者が一気に増えたり、反対していた
身近な人が態度を変えてくれたりするのかもしれませ
ん。たとえば、会社への度重なる交渉が成功し、新し
い制度ができて働きやすくなる、といった展開もあり
そうです。

　6月から10月上旬は、学ぶことや専門性の強化、発
信活動などがとても楽しくなる時期です。楽しみなが
ら成長でき、発言力が増し、行動範囲が広がります。研
究や取材、資格取得のための勉強など、知的活動に取
り組んでいる人にとっては、この夏から秋の時間帯は
とても望ましい流れに乗れるでしょう。必要な条件が
整い、意欲が湧いてきて、夢に近づけます。素敵な「学
びの場」に恵まれる人もいるはずです。

｛ 人間関係 ｝

　3月までは、非常に「熱い」状態が続いています。
2022年8月下旬から、誰かと「対決」状態にあったり、
人間関係のゴタゴタに巻き込まれて嵐のような状態だ

ったりしているかもしれません。そうした状況から、遅くとも3月末までには脱出できるでしょう。とはいえ、この時期の「熱さ」は衝突や摩擦ばかりではなく、刺激的な出会いや情熱的な人との関わり、愛や目標を共有できる誰かとの熱い結束などをも象徴しています。愛する人とぐっと距離が縮まったり、真剣に向き合って強い絆が生まれたりと、前向きな進展も期待できる時となっています。

　さらに5月以降、2024年5月にかけては、「同僚」「同輩」との関わりがゆたかなものになりそうです。この「同僚」はごく広い意味で、たとえば「ママ友・パパ友」のような存在も含みます。自分が日々担っている役割があり、その役割について似た立場性で語り合える仲間との関係が深まるのです。普段、一人で物事を抱え込みがちな人、愚痴を言わないようにしている人も、この時期は敢えて解り合える相手と愚痴を言い合うことで、気持ちが軽くなったり、有益な情報を交換し合えたりするでしょう。「背負っているもの」が軽く、ひろやかになるはずです。

{ **お金・経済活動** }

2008年頃から、経済的な問題に頭を悩ませ続けていた人もいるかもしれません。あるいは、自覚せぬままに強烈な物欲、お金に対する欲に支配されていた人もいるのではないかと思います。何かが欲しいという気持ち、手に入れなければと思う気持ち、誰もが持っている所有欲や食欲、支配欲などが、自分でも制御できないほど高まり、そこから根深い問題が生じたという経験をしている人もいるでしょう。

そうした「お金・もの」に関する強烈な体験が、2023年から2024年を境に収束します。あれほど欲しいと思ったものが、もう魅力的には思えなくなるかもしれません。憑き物が落ちたようにお金への執着がなくなる、という人もいるでしょう。お金やものよりも大事なことがあることに気づき、働き方や暮らし方を変えてゆく人もいるはずです。経済力や生活力が、2008年からの一連の流れの中で一度破壊され、再生されて、これからはずっとその生命力を、活き活きと生きていくことができます。今まであなたを支配していた感情が、ここからはあなた自身が「使っていける」力へと変わっ

ていくのを感じられるかもしれません。

｛ 健康・生活 ｝

　5月半ばから2024年5月にかけて、生活のあり方がドラスティックに変わりそうです。前述のように「転職」がきっかけとなって暮らし方が変わる人もいるかもしれません。また、2019年頃から試みてきた「新しい生活」が一気に軌道に乗るのかもしれません。たとえば、海外で暮らす人のライフスタイルを目の当たりにし、「こんな生き方があるのか！」と感激して、自分の生活をガラッと変える、といった突発的・衝撃的展開も考えられます。

　さらに、介護や子育てなど身近な人のケアを引き受けることで、暮らしが大きく変わる可能性もありそうです。負担が増す部分もあるかもしれませんが、それ以上に、たとえば「子供ができてお酒をやめたら、身体が楽になった」「犬を飼い始めたら暮らしのリズムが整った」というような健康的変化が起こりやすい時です。生活を変えることで、生き方が変わります。

◉ 2023年の流星群 ◉

「流れ星」は、星占い的にはあまり重視されません。古来、流星は「天候の一部」と考えられたからです。とはいえ流れ星を見ると、何かドキドキしますね。私は、流れ星は「星のお守り」のようなものだと感じています。2023年、見やすすそうな流星群をご紹介します。

4月22・23日頃／4月こと座流星群

例年、流星の数はそれほど多くはありませんが、2023年は月明かりがなく、好条件です。

8月13日頃／ペルセウス座流星群

7月半ばから8月下旬まで楽しめます。三大流星群の一つで、条件がよければ1時間あたり数十個見られることも。8月13日頃の極大期は月明かりがなく、土星や木星が昇る姿も楽しめます。

10月21日頃／オリオン座流星群

真夜中過ぎ、月が沈みます。土星、木星の競演も。

12月14日頃／ふたご座流星群

三大流星群の一つで、多ければ1時間あたり100個程度もの流れ星が見られます。2023年の極大期は月明かりがなく、こちらも好条件です。

HOSHIORI

射手座 2023年の愛

年間恋愛占い

♥ ストレートに、熱く、愛を生きる

　2023年全体を通して、愛に追い風が吹き続けます。フリーの人もカップルも、嬉しいことがたくさん起こるでしょう。愛の情熱をストレートに生きて、多くの喜びを生み出せます。あなたの持ち前の積極性を、愛の世界にそのままぶつけられる時間帯です。

{ パートナーを探している人・結婚を望んでいる人 }

　2022年5月から2023年5月半ばは、約12年に一度の「愛の季節」です。ゆえに、愛を探している人は、愛を見つけやすい時期となっています。さらに2022年8月下旬から2023年3月は「人間関係における真剣勝負・熱い出会い」の時間でもあります。あなた自身の積極性、そして出会う相手の「熱量」が、愛のドラマの展開を支えるでしょう。ケンカしながら仲良くなっていく人もいるかもしれませんし、ライバルが恋人に変わるといった展開もあり得ます。この時期の恋愛は総じて、平和で穏やかな展開にはなりにくいようです。お互いに情熱をむきだしにできるような相手こそ、あな

たの「望むところ」だろうと思います。パートナーシップにおいてはもちろん、思いやりや歩み寄りはとても大切ですが、それ以上に「本気で向き合える」ことが重要です。一方が他方に対し、手加減やガマンをし続けるような関係性は、一見うまくいっているように見えたとしても、内部に大きな歪みを抱え、いつか破綻する可能性が高いだろうと思います。特に、熱いエネルギーに溢れるあなたの相手は、同じくらいの強さを持った人でなければ、あなたを受け止めきれないだろうと思います。この時期は特に、そうした「強さ」や「熱」を求めたい気持ちが湧いてきそうです。

　3月を過ぎると「真剣勝負」の緊張感は緩み、出会いの雰囲気も穏やかになりそうです。特に4月後半は「愛のミラクル」の気配が強く、意外な出会いがあったり、消えそうな愛が復活したりするかもしれません。

　さらに6月から10月上旬にかけては、目上の人の紹介や遠方での出会い、遠方から来た人との出会い、学びの場での出会い、旅先での出会いなどが期待できます。「非日常」の中に愛が見つかる時です。

｛ パートナーシップについて ｝

　2023年5月までの「愛の季節」は、パートナーとの関係においても素晴らしい追い風となるでしょう。ゆたかな愛を育て、あるいは「再生」させることができる時です。

　3月までは非常に「熱い」状態が続いています。情熱をストレートにぶつけ合って盛り上がれそうです。一方、勢い余ってケンカしがちになる二人もいるかもしれません。ただ、この時期は「愛」があなたの世界を充たしています。愛するがゆえの衝突であれば、大きな問題にはならないはずです。ケンカのためのケンカ、揚げ足取りや単なるディベートのようなぶつかり合いに陥ることを避け、「自分が望んでいるのは、愛し合うことだ」という着地点を見失わないようにすれば、おそらく激しい衝突も、建設的な形に落ち着くはずです。

　6月から10月上旬、愛する人と旅に出ることになるかもしれません。あるいは、たとえば出張などで一時的に物理的距離が生じ、そのことが愛の絆を強めるきっかけとなるのかもしれません。ともに学び合うことで、愛を育てるカップルもあるだろうと思います。

꒰ 片思い中の人・愛の悩みを抱えている人 ꒱

　3月までの中で、片思いの相手に思い切ってぶつかっていく人が多そうです。この時期は「真剣勝負」の時間帯なのです。どんな結果が出ても、自分は愛に向かって進んで行くのだ！という勇気が湧いてきます。片思いの相手とは別の相手と電撃的に愛し合うことになる、といった展開も考えられます。

　愛の問題を抱えている人も、正面突破を図りたくなるのがこの年明けから3月という時間帯です。自分が愛に関して何を望んでいるのか、ということが明確になるので、相手に対する主張もクリアになり、結果、膠着（こうちゃく）状態を打開できます。

꒰ 家族・子育てについて ꒱

　家族に対する自分の立場が重みを増します。これまでよりも多くのことを引き受けることになるかもしれません。あるいは逆に、家族一人一人が人生の転機にさしかかり、それぞれが「自分のことで手一杯」になって、互いに背を向けるような状態になる可能性もあります。無理に「いつも通り」「仲良し家族」に戻そう

とせず、まずは現実を冷静に観察・理解しようとする姿勢が必要になるでしょう。結論を急がないこと、家族それぞれの意志を尊重することがポイントです。

　家族について「なんとなく不安・不満」な状態にあった人は、その原因や仕組みを具体的に発見できるかもしれません。そこから、解決策も具体化し始めます。

　子育ては2022年5月から2023年5月が、とても勢いのある季節となっています。この時期に子供を授かる人もいるでしょうし、子育てに関する悩みから解放される人もいるはずです。もともと射手座の人々は楽観的な傾向がありますが、この時期はその楽観が、子供にも、あなた自身にも、とても役立ちます。

﹛ 2023年　愛のターニングポイント ﹜

　2022年5月からの力強い「愛の季節」が2023年5月まで続きます。さらに6月から10月上旬、爽やかな愛の追い風が吹き続けます。年末にも嬉しいことがありそうです。4月後半は「愛のミラクル」の気配も。

HOSHIORI

射手座　2023年の薬箱

もしも悩みを抱えたら

❋ 2023年の薬箱 ～もしも悩みを抱えたら～

　誰でも日々の生活の中で、迷いや悩みを抱くことがあります。2023年のあなたがもし、悩みに出会ったなら、その悩みの方向性や出口がどのあたりにあるのか、そのヒントをいくつか、考えてみたいと思います。

◆「抱え込みすぎない」ことが大事

　家族や家が「重い」と感じられるかもしれません。家族関係の中でギクシャクする部分が出てきたり、一家の「大黒柱」のような立場に立って強いプレッシャーを感じたりする人もいるでしょう。たとえば子供ができれば周囲から「おめでとう！」と言われますが、現実には子育てという重圧に悩む人も少なくありません。「マリッジブルー」「マタニティブルー」のように、「いいこと」の中に深い「悩み」が生まれるのは、珍しいことではないのです。生活の中でこうした悩みを抱えると、相談する相手がいなかったり、「自分で解決するしかない」と思い込んでしまったりすることもよくありますが、自分で自分を追い詰めるような考え方こそ

が、こうした場合は最も「悪手」です。できるだけい
ろいろな人に頼ること、「カンペキにやろう」という思
いを捨てること、個人的なことを社会的な眼差しで捉
え直してみることなどが、この時期役に立つかもしれ
ません。できないことは「できない」と言うことも、責
任の果たし方の一つとなる場合があるのです。

◆3月末までの「嵐」

　2022年8月末から、人間関係がヒートアップしてい
るようです。ずっと誰かとケンカし続けていたり、誰
かのトラブルのサポートをしてきたり、タフな交渉で
神経をすり減らしたりしてきた人もいるはずですが、そ
んな苦労も3月いっぱいで収束しそうです。密接に関
わっている誰かの苦しみをシェアするような立場に立
って、苦しい思いをしている人もいるかもしれません。
でも、嵐は必ず過ぎ去ります。あまり「自分がなんと
かしないと」と思いすぎず、少し距離感を持って。

2023年のプチ占い（牡羊座〜乙女座）

牡羊座（3/21-4/20生まれ）

年の前半は「約12年に一度のターニングポイント」のまっただ中。新しい世界に飛び込んでいく人、大チャレンジをする人も。6月から10月上旬は「愛の時間」に突入する。フレッシュで楽しい年に。

牡牛座（4/21-5/21生まれ）

仕事や社会的立場にまつわる重圧から解放された後、「約12年に一度のターニングポイント」に入る。何でもありの、自由な1年になりそう。家族愛に恵まれる。「居場所」が美しくゆたかになる年。

双子座（5/22-6/22生まれ）

2022年8月からの「勝負」は3月まで続く。未来へのチケットを手に入れるための熱い闘い。仲間に恵まれる。さらに2026年にかけて社会的に「高い山に登る」プロセスに入る。千里の道も一歩から。

蟹座（6/23-7/23生まれ）

5月までは「大活躍の時間」が続く。社会的立場が大きく変わる人、「ブレイク」を果たす人も。年の後半は交友関係が膨らみ、行動範囲が広がる。未来への新たなビジョン。経済的に嬉しい追い風が吹く。

獅子座（7/24-8/23生まれ）

年の前半は「冒険と学びの時間」の中にある。未知の世界に旅する人、集中的に学ぶ人も。6月から10月上旬まで「キラキラの愛と楽しみの時間」へ。嬉しいことがたくさん起こりそう。人に恵まれる。

乙女座（8/24-9/23生まれ）

年の前半は「大切な人のために勝負する」時間となる。挑戦の後、素晴らしい戦利品を手にできる。年の後半は未知の世界に飛び出していくことになりそう。旅行、長期の移動、新しい学びの季節へ。

（※天秤座〜魚座はP.96）

HOSHIORI

射手座 2023年 毎月の星模様

月間占い

◆ 星座と天体の記号

「毎月の星模様」では、簡単なホロスコープの図を掲載していますが、各種の記号の意味は、以下の通りです。基本的に西洋占星術で用いる一般的な記号をそのまま用いていますが、新月と満月は、本書オリジナルの表記です（一般的な表記では、月は白い三日月で示し、新月や満月を特別な記号で示すことはありません）。

♈：牡羊座	♉：牡牛座	♊：双子座
♋：蟹座	♌：獅子座	♍：乙女座
♎：天秤座	♏：蠍座	♐：射手座
♑：山羊座	♒：水瓶座	♓：魚座
☉：太陽	●：新月	○：満月
☿：水星	♀：金星	♂：火星
♃：木星	♄：土星	♅：天王星
♆：海王星	♇：冥王星	
℞：逆行	Ð：順行	

◆ 月間占いのマーク

　また、「毎月の星模様」には、6種類のマークを添えてあります。マークの個数は「強度・ハデさ・動きの振り幅の大きさ」などのイメージを表現しています。マークの示す意味合いは、以下の通りです。

　マークが少ないと「運が悪い」ということではありません。言わば「追い風の風速計」のようなイメージで捉えて頂ければと思います。

★⚡　特別なこと、大事なこと、全般的なこと

✊　情熱、エネルギー、闘い、挑戦にまつわること

🏠　家族、居場所、身近な人との関係にまつわること

¥　経済的なこと、物質的なこと、ビジネスにおける利益

✎　仕事、勉強、日々のタスク、忙しさなど

♥　恋愛、好きなこと、楽しいこと、趣味など

1

JANUARY

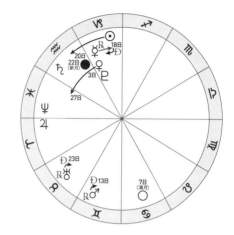

◆**人間関係が「前進」に転じる。**　　　　　　

昨年夏の終わりから、タフな交渉やケンカ等「対決」に挑んできた人が少なくないはずですが、その方向性が10月末頃から、見えにくくなっていたかもしれません。遅くともこの13日までに、話が迷路から抜け出し、決着へのレールに乗りそうです。人間関係全般に前向きな変化が起こりそうです。

◆**お金や物の動きを見つめ直す。**　　　　　　　　　💴

経済活動において「一時停止」していることがあるかもしれません。お金のやりとりが滞ったり、計算が合わなかったりと、なにかしら不安な事態が起こる可能性がありますが、これは「時間が解決」してくれます。この時期に起こったことをきっかけ

に、普段のお金の扱い方を見直そうという動きが生まれます。この時期なくしたものは、後で出てきます。

◆ **知性がきらめく、フットワーク勝負の時。**

学ぶことが楽しくなります。勉強、取材、研究、発信活動など、知的活動に取り組んでいる人は、それらの活動にキラキラした追い風が吹き、状況が好転するでしょう。全般に、じっと一所に留まるより、外に出て動き回りたい時です。

♥ **コミュニケーションで、愛の鍵を開く。** ♥ ♥ ♥

絶好調の愛の時間です。既に年末から約12年に一度の「愛と創造の季節」の中にありますが、さらに今月はそこに、情熱の星や愛の星の後押しが加わり、愛のコミュニケーションが勢いを増していきます。カップルは熱く真剣に愛を語り合えますし、愛を探している人はいろいろな人との自然なやりとりの中から、ふとしたきっかけを得て愛を見つけられるかもしれません。22日前後、「愛の鍵が開く」ような展開も。

▶▶ 1月 全体の星模様 ◀

年末から逆行中の水星が、18日に順行に戻ります。月の上旬から半ば過ぎまでは、物事の展開がスローペースになりそうです。一方、10月末から双子座で逆行していた火星は、13日に順行に転じます。この間モタモタと混乱していた「勝負」は、13日を境に前進し始めるでしょう。この「勝負」は去年8月末からのプロセスですが、3月に向けて一気にラストスパートに入ります。

MONTHLY
HOROSCOPE

2

FEBRUARY

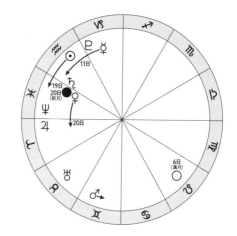

◆身のまわりにある、新鮮な幸福。　

身近なところに素敵なものがたくさん見つかります。家族や身内と過ごす時間はとても楽しくなりますし、近所を散歩したり、知り合いを訪ねたりすることに新鮮な喜びを見出せるでしょう。兄弟姉妹や幼なじみなど、ごく近しい人々との間に、密なやりとりが生じます。たくさん話したい時です。

◆隠れた価値を発掘する。　¥

月の上旬は、何か価値あるものを「発掘」できそうです。たとえばフリーマーケットなどで掘り出し物を見つけたり、クローゼットの中で眠っていたものが意外に役に立つことがわかってワードローブになったりするかもしれません。「隠れた価値」を

掘り起こして、新たな武器にできる時です。

◆創造的な知的活動の時間。

月の中旬以降、素晴らしい集中力が出てきます。勉強や研究、取材など知的活動に取り組んでいる人にとっては、大いに作業が「はかどる」時間と言えます。また、情報発信や自己表現に取り組んでいる人には、試行錯誤の中から自分らしいやり方を生み出せる、とても創造的な時間となりそうです。

♥これ以上ないほど強力な「愛の季節」へ。　♥♥♥

熱い愛のドラマがどんどん進展します。3月末までの情熱の時間を、思い切り生きてみたい時です。カップルは「ともに過ごす時間」がとても楽しく感じられるでしょう。一緒に料理や掃除をしたり、散歩したりと、普段の暮らしの中に愛が熱く育ちます。愛を探している人は引き続き、出会いの時間が続いています。特に20日以降は、これ以上ないほどの強い愛のビッグウェーブが押し寄せてきます。動いてみて。

》》 2月 全体の星模様 《

金星が魚座、水星が水瓶座を運行します。両方とも「機嫌のいい」配置で、愛やコミュニケーションがストレートに進展しそうです。6日の獅子座の満月は天王星とスクエア、破壊力抜群です。変わりそうもないものが一気に変わる時です。20日は魚座で新月が起こり、同日金星が牡羊座に移動、木星と同座します。2023年前半のメインテーマに、明るいスイッチが入ります。

3

MARCH

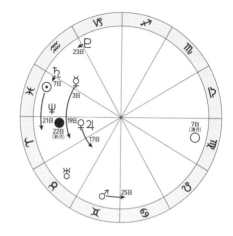

◆**個性や才能を活かす喜び。** ♥ ♥ ♥

月の前半、とても楽しい時間となっています。遊びや趣味、恋愛など、自分から望んで取り組む活動は大いに盛り上がるでしょう。クリエイティブな活動にも大チャンスが巡ってきそうです。月の半ば以降は、「楽しさ」がより積極的な意欲や情熱へと変わります。個性を活かす喜びに溢れる月です。

◆**冷たく見えていたものが、一転して熱を帯びる。**

たとえば、過去2〜3年の中でビジネスを非常にストイックに、シビアに捉えていたならば、今月を境に同じビジネスが金銀の鉱脈のように、夢中でのめり込めるライフワークのように見えてくるかもしれません。あるいは、学ぶことやコミュニケーシ

ョンを悲観的、抑圧的に捉えていた人は、ここからは同じ分野で逃れがたいほど魅了されたり、熱い野心を燃やしたりすることになるかもしれません。冷たく見えていたものが、不思議と熱をもって見えるようになります。

◆独自の試みが成功する。

7日前後、仕事や対外的な活動において、大きな成果を挙げられそうです。あなた独自の試みが大成功しそうです。

♥とにかく楽しい前半、真剣な後半。 ♥ ♥ ♥

全体的に、愛にとても強い追い風が吹き続けます。カップルもフリーの人も、嬉しいことがたくさん起こるでしょう。前半はとにかく明るく、キラキラした雰囲気に包まれています。トキメキや二人でいることを楽しむ気持ちを大事にしたい時です。月の半ば以降は力強い真剣さが出てきます。愛について誠実な、前向きな対話を重ねていけそうです。出会いを探している人は22日前後、ミラクルなドラマの気配が。

⟫⟫ 3月 全体の星模様 ⟪

今年の中で最も重要な転換点です。土星が水瓶座から魚座へ、冥王星が山羊座から水瓶座へと移動します。冥王星は6月に一旦山羊座に戻りますが、今月が「終わりの始まり」です。多くの人が長期的なテーマの転換を経験するでしょう。去年8月下旬から双子座に滞在していた火星も冥王星の翌々日25日に蟹座に抜けます。この月末は、熱い時代の節目となりそうです。

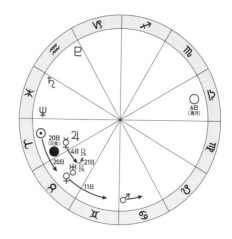

◆**あたたかい人間関係に包まれる。**

昨年8月下旬から誰かと「対決」状態にあったなら、3月中にその状態を脱したはずです。衝突や摩擦が収束し、4月は一転してあたたかな愛情や優しさに包まれるでしょう。人間関係に恵まれ、とても楽しく過ごせる時間に入ります。人と会う機会が増えますし、公私ともに素敵な出会いがありそうです。

◆**創造性を「外」に出す。**

やりたいことに情熱的に取り組める時です。特にこの時期は「アウトプット」を重視したくなるかもしれません。自分のアイデアや表現、クリエイティブな活動を「表に出す」「人に手渡す」ことができる時期なのです。自己完結することなく、内なるも

のを外側へと広げていける、オープンな時間です。

◎ **スピードを落として、柔軟に暮らす時間。**
下旬以降、暮らしのリズムやルーティンが少し乱れるかもしれません。体調を崩したり、任務が滞りがちになったりする人も。この遅延は時間が解決します。焦らないで。

♥ **愛のために、創造性を発揮する。** ♥ ♥ ♥
「最強」の追い風が吹きます。2023年全体だけでなく、5年10年というロングスパンで見ても、「愛のクライマックス」のような星の配置になる時間帯です。愛を探している人は是非、アクションを起こしてみて頂きたいと思います。カップルも積極的に愛情表現できそうですし、愛する人と楽しむための企画をたくさん立て、ともにある喜びを貪欲に味わえるでしょう。この時期の愛には、「アイデア」が大切です。大切な人を喜ばせ、幸福にするために、あなたの持ち前の企画力や創造性を、ガンガン使えるタイミングです。

》》》 **4月 全体の星模様** 《《

昨年8月下旬から火星が位置した双子座に11日、金星が入ります。さらに水星は21日からの逆行に向けて減速しており、「去年後半から3月までガンガン勝負していたテーマに、ふんわりとおだやかな時間がやってくる」ことになりそうです。半年以上の激闘を労うような、優しい時間です。20日、木星が位置する牡羊座で日食が起こります。特別なスタートラインです。

MONTHLY
HOROSCOPE

5

MAY

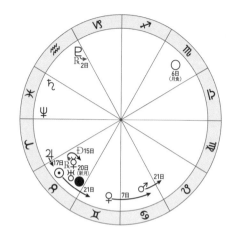

◆暮らしのリズムの変動期に入る。

ライフスタイルがガラッと変わる可能性があります。普段の生活の中での時間の使い方、作業の進め方、周囲との役割分担などが、グルグルかき回されるようにして変化し始めます。一見、全てが滞ったように感じられるかもしれませんが、月の半ばを境に、一気に「新しい形」へと前進できそうです。

◆大きな関わりの中での経済活動。 ¥ ¥ ¥

経済活動が熱く盛り上がります。特に、パートナーや普段関わっている人々の状況が好転し、間接的にあなたのもとにも豊かさが巡ってくる、という展開になるかもしれません。素敵なギフトやお土産を受け取る場面もありそうです。また、融資など

の話は非常にスムーズに進むでしょう。いつもより少し大きな
スケールで、お金について考えられそうです。

◆「健康法」は、一般的な基本を大切に。
健康への関心が強まります。体調や体質について学ぶ人、新し
い習慣を導入する人もいるでしょう。基本を大切にした「王道」
の考え方のほうが、望ましい結果に繋がります。

♥ゆたかな「受け取る愛」。 ♥ ♥
月の前半に盛り上がりがある時です。7日まではパートナー
シップがキラキラと愛に満ちていますし、17日まで「愛の季節」
が続いています。愛を探している人は早めにアクションを起こ
し、種を蒔いておくと、徐々に芽が出るはずです。また、とて
も官能的な時期でもあり、カップルは1カ月を通してゆたかな
愛の喜びを味わえるでしょう。ここまでに育ててきた愛の果実
をじっくり楽しめそうです。愛を受け取る勇気を持つことで、受
け取れる愛のボリュームが増します。

5月 全体の星模様

3月に次いで、節目感の強い月です。まず6日、蠍座で月食が起こ
ります。天王星と180度、この日の前後にかなりインパクトの強
い変化が起こるかもしれません。15日に逆行中の水星が順行へ、
17日に木星が牡羊座から牡牛座に移動します。これも非常に強い
「節目」の動きです。約1年の流れがパッと変わります。21日、火
星と太陽が星座を移動し、全体にスピード感が増します。

MONTHLY
HOROSCOPE

6

JUNE

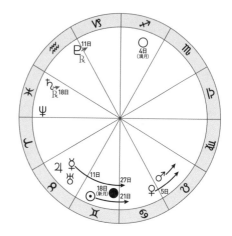

◆**冒険と学びに情熱を注ぐ。**

冒険と学びに熱がこもります。情熱的に学べる時で、勉強が楽
しく感じられるでしょう。熱い「師」に出会う人もいそうです。
発信活動に取り組んでいる人は、チャンス到来です。遠くまで
声が届きますし、伝えたいことの幅が広がります。遠出する機
会も増えそうです。大遠征に出かける人も。

◆**継続的な活動の、結節点。**

4日前後、長い間の頑張りが報われるような出来事が起こるか
もしれません。目指してきた場所に立つ人、大きなプロジェク
トを成し遂げる人もいるでしょう。一つの転機に立って、新し
いルーティンやカリキュラムを自分のために新規作成できる時

でもあります。「継続は力なり」の大事な節目です。

◆**爽やかな人間関係。** ★彡

人間関係が爽やかに進展します。相談や打ち合わせ、会議などはとてもスムーズに展開するでしょう。条件交渉や調整ごとなどもさくさく進みそうです。いろいろな人に声をかけて。

♥**「理解し合いたい」という知的なスタンス。** ♥ ♥

理知的なやりとりができる時です。意思疎通がとてもスムーズですし、お互いに「理解し合おう」という前向きな姿勢を共有できるでしょう。一緒に学び合ったり、教え合ったりすることで心の距離が縮まりそうです。出会いを探している人は、年齢が離れた相手やバックグラウンドの異なる相手との出会いが期待できます。お互いに違っているからこそ、教えて欲しいこと、話したいことがたくさん出てきて、盛り上がります。特に18日前後、心の奥にある思いを自然に共有できるような相手と、出会えるかもしれません。

》》 **6月 全体の星模様** 《

火星と金星が獅子座に同座し、熱量が増します。特に3月末から蟹座にあった火星はくすぶっているような状態にあったので、6月に入ると雨が上がってからっと晴れ上がるような爽快さが感じられるかもしれません。牡牛座に入った木星は魚座の土星と60度を組み、長期的な物事を地に足をつけて考え、軌道に乗せるような流れが生まれます。全体に安定感のある月です。

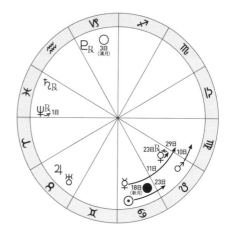

◆**生活全体をかけて「勝負」する。** 🖐 🖐 🖐

中旬以降、一気に忙しくなります。仕事や対外的な活動において、大勝負に出ることになりそうです。転職や独立に臨む人、大きなプロジェクトに関わる人、また、生活に関する問題を解決するため、リーダーシップを執る人も。生活全体を一つのミッションに「投入」するような時間に入ります。

◆**すぐに役に立つ知恵、情報。** ✐ ✐ ✐

先月からの熱い「冒険と学び」の時間は、月の上旬まで続きます。ガンガン動いて活動のフィールドを大きく拡大できそうです。中旬に入ると学びの雰囲気がとても爽やかに、明るく感じられるでしょう。学ぶことが楽しくなりますし、次々に新しい

ことを吸収できそうです。この時期に得られる知恵や情報は、現実的に即、役に立つ内容です。知ったことをすぐ「試してみたい！」という思いで実践できます。3日前後、このところの努力の成果が「形になる」ような出来事が起こりそうです。学んだこと、頑張ってきたことが報酬や価値ある宝物となって、あなたの手の中に輝きます。

♥愛についての新しい、精神的学び。

愛の大きなうねりに巻き込まれていく時間帯です。先月からこの「うねり」はあなたを包み込んでいて、7月にはさらに雄大な上昇気流となって、あなたを新しい愛の世界に連れていってくれる気配があります。カップルは愛について新しいことをたくさん学べるでしょう。「こうすればもっと深く優しく解り合えるのか！」といった新たな愛の知恵を得られます。愛を探している人は、愛についてなんらかの具体的な目標を設定し、戦略的なアクションを起こせる時です。愛について「本気で動く」スイッチがONになるはずです。

》》》 7月 全体の星模様 《

10日に火星が獅子座から乙女座へ、11日に水星が蟹座から獅子座へ移動します。火星が抜けた獅子座に金星と水星が同座し、とても爽やかな雰囲気に包まれます。5月末から熱い勝負を挑んできたテーマが、一転してとても楽しく軽やかな展開を見せるでしょう。一方、乙女座入りした火星は土星、木星と「調停」の形を結びます。問題に正面から向き合い、解決できます。

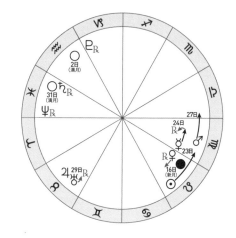

◆「勝負の時間」が続く。

引き続き、熱い勝負の時間です。大きなミッションに挑んでいる人、荒野のようなフィールドを開拓している人、多くの人を率いて前進を続けている人もいるでしょう。この時期に一気に進展するテーマがある一方で、少し時間をかけなければならないタスクも出てきそうです。メリハリをつけて。

◆振り返った遠い場所から、いいものが来る。

たとえば、恩師から嬉しい連絡があるかもしれません。また、長らく会っていない親戚縁者と、楽しい時間を過ごすことになるかもしれません。なにかしら大事な用件があって、遠くにいる懐かしい人にコンタクトを取ることになるかもしれません。ま

た、かつて学んだ場に足を運んだり、同窓生と再会したりする機会もありそうです。振り返って遠くを見晴らかすと、その場所から意外な愛や喜びが贈られてくる時なのです。

◆月に二度の満月、前向きな展開。

2日前後、あなたのこのところの努力に応えてくれるような朗報が届きそうです。経験を活かす場に恵まれる人も。月末は、家族や居場所に関する大きめの問題にスポットライトが当たります。隠れた問題が可視化され、対応可能に。

♥かつて訪れた、遠い場所。

カップルはかつて訪れた場所に再訪することになるかもしれません。「記念日」を過ごした場所に立って愛が蘇る、といった展開も。愛を探している人も、「一度行ったことのある、遠い場所」に愛が見つかる気配があります。過去を振り返ってみて、一番いい思い出がある場所に出かけてみると、愛に出会うための意外な案を発見できそうです。

▶▶ 8月 全体の星模様 ◀

乙女座に火星と水星が同座し、忙しい雰囲気に包まれます。乙女座は実務的な星座で、この時期多くの人が「任務」にいつも以上に注力することになりそうです。一方、獅子座の金星は逆行しながら太陽と同座しています。怠けたりゆるんだりすることも、今はとても大事です。2日と31日に満月が起こりますが、特に31日の満月は土星と重なり、問題意識が強まりそうです。

MONTHLY HOROSCOPE

9

SEPTEMBER

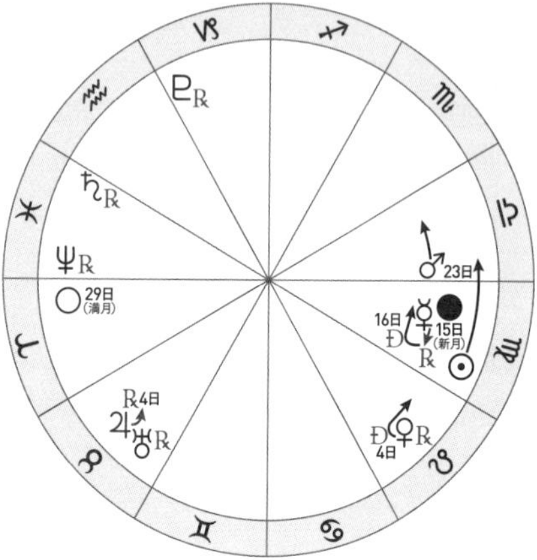

◈「勝負」を終え、ゆっくりリカバリ。

「熱い勝負の時間」が一段落し、ホッとひと息つけそうです。月の前半はかなりスローペースになり、「勝負」を通して顕在化した問題や取りこぼしなどを、過去を振り返りながら整理していく必要がありそうです。勝負の疲労を癒すため、しばらく休みを取る人も。後半は爽やかな忙しさに包まれます。

◈熱い交友関係の季節。

交友関係や仲間との関係に熱がこもります。情熱的な友達から刺激を受けたり、仲間に引っぱってもらったりと、人の「熱」に助けられる場面が多いでしょう。一方、みんなが積極的だからこそ、摩擦や衝突も起こりやすいかもしれません。一人一人

が様々な事情を抱え、「協力」についての考え方も違っているので、擦り合わせには骨が折れそうですが、現実的かつ具体的な策を考えていくことで、最終的にリアルな落としどころを見出せるでしょう。精神論に陥らないことがカギです。

◆**遠出と学びが楽しい季節。**

遠出がとても楽しい時期です。出張や旅行、遠征などに喜びが多いでしょう。勉強や研究、取材、発信など知的活動に取り組んでいる人は、素晴らしい勢いに恵まれます。ストレスなく活動し、予想よりずっといいところまで行けそうです。

♥**爽やかな追い風、愛の実り。** ♥ ♥

爽やかな追い風が吹いています。フリーの人もカップルも、愛を通して精神的に深く充足できそうです。また、愛する人の成長を見て、「自分も成長したい」という思いを新たにできるかもしれません。月末、「愛が満ちる・実る」ようなタイミングが訪れます。愛についての努力が報われます。

◥◥◥ 9月 全体の星模様 ◤◤◤

月の前半、水星が乙女座で逆行します。物事の振り返りややり直しに見るべきものが多そうです。15日に乙女座で新月、翌16日に水星順行で、ここが「節目」になるでしょう。物事がスムーズな前進に転じます。8月に逆行していた金星も4日、順行に戻り、ゆるみがちだったことがだんだん好調になってきます。火星は天秤座で少し不器用に。怒りのコントロールが大切です。

MONTHLY
HOROSCOPE

10

OCTOBER

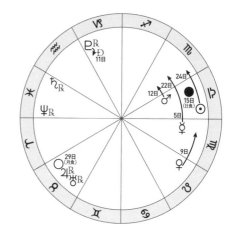

◆**力を抜いて、ふんわりと。** ♥

元々楽観的で、少々のんきなところもある射手座の人々ですが、
この時期はそののんきさ、楽観が前に出るようです。いつもなら肩に力が入るような場面でもなぜかリラックスして臨めますし、「少し気がゆるみすぎかな？」と思えることも。「ゆるんで」いるからこそ見える景色があるようです。ふわふわで。

◆**交友関係が正常化していく。** ★彡★彡

8月末から交友関係や仲間内で摩擦や衝突が多かったなら、12日を過ぎる頃にはその状況から抜け出せそうです。本音をぶつけ合えた分だけ、深い心の絆が生まれているはずです。ただ、話の全てがそこで終わるわけではなく、和やかな「反省会」のよ

52

うな対話、あるいは「衝突の後の細かい調整」的なやりとりが必要になるかもしれません。15日前後、意外なきっかけを経て、人間関係が一気に好転する気配も。

◈ 突然回ってくる、特別な役目。

月の後半、特別な役回りが巡ってきそうです。普段とは少し違った役目、ポジションを引き受けることになるでしょう。突発的な事態に対応したり、いきなり「抜擢」されたりする人もいるかもしれません。ここでの「新しい役割」は、普段の力関係や役割分担を根本的に変える契機になる気配も。

♥ 愛の世界で掲げる「目標」。

愛のために真剣に取り組むべき「課題」が生じそうです。たとえば、愛する人のサポートを引き受ける人もいるでしょう。また、「婚活」を始める人もいるかもしれません。愛を「自然に向こうからやってくるもの」と捉えないことで、愛にぐっと近づけます。職場、仕事関係での出会いの気配も。

≫≫ 10月 全体の星模様 ≪

獅子座の金星が9日に乙女座へ、天秤座の火星が12日に蠍座へ、それぞれ移動します。月の上旬は前月の雰囲気に繋がっていますが、中旬に入る頃にはガラッと変わり、熱いチャレンジの雰囲気が強まるでしょう。15日、天秤座で日食が起こります。人間関係の大きな転換点です。月末には木星の近くで月食、2023年のテーマの「マイルストーン」的な出来事の気配が。

MONTHLY HOROSCOPE

11

NOVEMBER

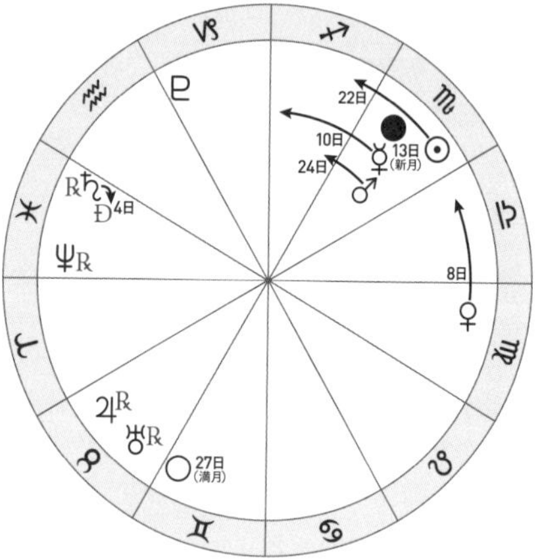

◈水面下の問題を、一刀両断。 ★★

「隠れた問題を解決する」時間帯です。第三者からは見えないところで、大きな問題に向き合えます。慢性的な問題、ずっと見て見ぬ振りをしていたこと、実は生活全体のボトルネックになっているような部分を、ガツンと変えられるでしょう。考え込んでいるより、動いたほうが早い時でもあります。

◈チャンスは人間関係ごと掴む。 ♥♥

「人に恵まれる」時です。素敵な人に出会えますし、気のいい仲間が集まってきます。チームワークはとにかくスムーズで、阿吽(あうん)の呼吸で動けそうです。夢を追いかけている人にとっては、夢に近づくためのステップを見つけやすい時です。希望が出てき

ますし、チャンスも掴みやすいでしょう。実力で勝負することはもちろんですが、関わっている人々への思いやり、気遣いが大きな意味を持つ気配も。人の目を見て。

◈話の「盛りすぎ」に注意。

コミュニケーションが盛り上がり、発言力が増します。知的好奇心が旺盛になって、フットワークよく動けるでしょう。ただ、少々浮き足立った感じもあるかもしれません。特に、場を盛り上げようと「話を盛る」と、後悔の種に。サービス精神に「流される」ことのないよう、ちょっぴり気をつけて。

♥のびやかな愛を生きる。 🖤🖤

爽やかな追い風が吹きます。先月は少し肩に力が入ったかもしれませんが、今月は自然に、のびやかに愛を生きられるでしょう。愛を探している人は、交友関係から愛が芽生える気配が。同じ夢を追える人に出会う人もいるかもしれません。月末、密かな不安をパートナーが共有してくれます。

≫≫ 11月 全体の星模様 ≪

火星は24日まで蠍座に、金星は8日から天秤座に入ります。どちらも「自宅」の配置で、パワフルです。愛と情熱、人間関係と闘争に関して、大きな勢いが生まれるでしょう。他者との関わりが密度を増します。水星は10日から射手座に入りますが、ここでは少々浮き足立つ感じがあります。特に、コミュニケーションや交通に関して、「脱線」が生じやすいかもしれません。

MONTHLY
HOROSCOPE

12

DECEMBER

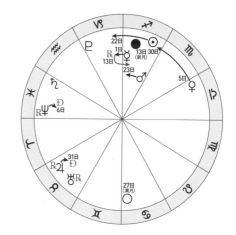

◆**生活を変えるような「闘い」。**　

闘いの星・火星があなたのもとに訪れ、なんらかの「勝負」を
促します。自分自身と闘って限界を超えようとする人、新しい
ことを始める人、誰かと競い合う人もいるでしょう。この時期
は特に「訓練の成果」が物を言うかもしれません。ここでのチ
ャレンジによって生活全体がガラッと変わる気配も。

◆**なくしたものが出てくるかも。**　

少し前になくしたものが、ここで出てくるかもしれません。過
去の損失を取り戻したり、人に預けていたものを返してもらっ
たりする人もいそうです。また、この時期に失ったものは、後
で戻ってくる可能性があります。経済活動が一時的に停滞した

56

り、混乱したりするかもしれませんが、年明けには問題が解決するでしょう。レシートなどの取引の記録をきちんと残しておくと、後で役に立つ可能性が。

◎優しさの大放出。

大スケールの「助け合い」が実現しそうです。全力で誰かを救ったり、逆に誰かがあなたを助けてくれたりするかもしれません。ここでの「救い」は下心や私利私欲と完全に無縁で、だからこそ救うことが可能になります。あなたの内なる優しさが、思いがけない形で勢いよく誰かのほうへ流れ出します。

♥情熱的に愛する。

情熱が燃える時です。愛について積極的に行動できますし、人からのアプローチもとても熱いものとなるでしょう。カップルは恋人との心の距離がゼロになる瞬間もありそうです。愛を探している人は、キラキラした場より、バックヤードや社会的に光の当たらない場に出会いの気配が。

》12月 全体の星模様 《

火星は射手座に、金星は蠍座に、水星は山羊座に入ります。年末らしく忙しい雰囲気です。経済は沸騰気味、グローバルなテーマが注目されそうです。13日が転換点で射手座の新月、水星が逆行開始です。ここまで外へ外へと広がってきたものが、一転して内向きに展開し始める可能性も。27日、蟹座の満月は水星、木星と小三角を組み、今年1年の「まとめ」を照らし出します。

HOSHIORI

月と星で読む
射手座 365日のカレンダー

◆月の巡りで読む、12種類の日。

　毎日の占いをする際、最も基本的な「時計の針」となるのが、月の動きです。「今日、月が何座にいるか」がわかれば、今日のあなたの生活の中で、どんなテーマにスポットライトが当たっているかがわかります（P.64からの「365日のカレンダー」に、毎日の月のテーマが書かれています。☽マークは新月や満月など、◆マークは星の動きです）。

　本書では、月の位置による「その日のテーマ」を、右の表のように表しています。

　月は1ヵ月で12星座を一回りするので、一つの星座に2日半ほど滞在します。ゆえに、右の表の「○○の日」は、毎日変わるのではなく、2日半ほどで切り替わります。

　月が星座から星座へと移動するタイミングが、切り替えの時間です。この「切り替えの時間」はボイドタイムの終了時間と同じです。

1. **スタートの日**：物事が新しく始まる日。
「仕切り直し」ができる、フレッシュな雰囲気の日。

2. **お金の日**：経済面・物質面で動きが起こりそうな日。
自分の手で何かを創り出せるかも。

3. **メッセージの日**：素敵なコミュニケーションが生まれる。
外出、勉強、対話の日。待っていた返信が来る。

4. **家の日**：身近な人や家族との関わりが豊かになる。
家事や掃除など、家の中のことをしたくなるかも。

5. **愛の日**：恋愛他、愛全般に追い風が吹く日。
好きなことができる。自分の時間を作れる。

6. **メンテナンスの日**：体調を整えるために休む人も。
調整や修理、整理整頓、実務などに力がこもる。

7. **人に会う日**：文字通り「人に会う」日。
人間関係が活性化する。「提出」のような場面も。

8. **プレゼントの日**：素敵なギフトを受け取れそう。
他人のアクションにリアクションするような日。

9. **旅の日**：遠出することになるか、または、
遠くから人が訪ねてくるかも。専門的学び。

10. **達成の日**：仕事や勉強など、頑張ってきたことについて、
何らかの結果が出るような日。到達。

11. **友だちの日**：交友関係が広がる、賑やかな日。
目指している夢や目標に一歩近づけるかも。

12. **ひみつの日**：自分一人の時間を持てる日。
自分自身としっかり対話できる。

◆太陽と月と星々が巡る「ハウス」のしくみ。

　前ページの、月の動きによる日々のテーマは「ハウス」というしくみによって読み取れます。

　「ハウス」は、「世俗のハウス」とも呼ばれる、人生や生活の様々なイベントを読み取る手法です。12星座の一つ一つを「部屋」に見立て、そこに星が出入りすることで、その時間に起こる出来事の意義やなりゆきを読み取ろうとするものです。

　自分の星座が「第1ハウス」で、そこから反時計回りに12まで数字を入れてゆくと、ハウスの完成です。

第1ハウス：「自分」のハウス
第2ハウス：「生産」のハウス
第3ハウス：「コミュニケーション」のハウス
第4ハウス：「家」のハウス
第5ハウス：「愛」のハウス
第6ハウス：「任務」のハウス
第7ハウス：「他者」のハウス
第8ハウス：「ギフト」のハウス
第9ハウス：「旅」のハウス
第10ハウス：「目標と結果」のハウス
第11ハウス：「夢と友」のハウス
第12ハウス：「ひみつ」のハウス

例：射手座の人の場合

自分の星座が
第1ハウス

反時計回り

たとえば、今日の月が射手座に位置していたとすると、この日は「第1ハウスに月がある」ということになります。

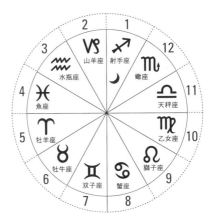

前々ページの「○○の日」の前に打ってある数字は、実はハウスを意味しています。「第1ハウスに月がある」日は、「1.スタートの日」です。

太陽と月、水星から海王星までの惑星、そして準惑星の冥王星が、この12のハウスをそれぞれのスピードで移動していきます。「どの星がどのハウスにあるか」で、その時間のカラーやそのとき起こっていることの意味を、読み解くことができるのです。詳しくは『星読み+ 2022〜2032年データ改訂版』(幻冬舎コミックス刊)、または『月で読むあしたの星占い』(すみれ書房刊)でどうぞ!

1 ・JANUARY・

1	日	愛の日 ▶ メンテナンスの日　　　　　　　　　　　　[ボイド 〜02:10] 「やりたいこと」から「やるべきこと」へのシフト。
2	月	メンテナンスの日 生活や心身の故障部分を修理できる。ケアしたり、されたり。
3	火	メンテナンスの日 ▶ 人に会う日　　　　　　　　[ボイド 07:17〜11:46] 「自分の世界」から「外界」へ出るような節目。 ◆金星が「コミュニケーション」のハウスへ。喜びある学び、対話、 外出。言葉による優しさ、愛の伝達。
4	水	人に会う日 人に会ったり、会う約束をしたりする日。出会いの気配も。
5	木	人に会う日 ▶ プレゼントの日　　　　　　　　　[ボイド 09:09〜23:16] 他者との関係に、さらに一歩踏み込めるように。
6	金	プレゼントの日 人から貴重なものを受け取れる。提案を受ける場面も。
7	土	○プレゼントの日 人から貴重なものを受け取れる。提案を受ける場面も。 ☽「ギフト」のハウスで満月。人から「満を持して」手渡されるものがある。他者との融合。
8	日	プレゼントの日 ▶ 旅の日　　　　　　　　　　　[ボイド 07:25〜11:42] 遠い場所との間に、橋が架かり始める。
9	月	旅の日 遠出したり、遠くから人が訪ねてくれたりする日。発信力も増す。
10	火	旅の日　　　　　　　　　　　　　　　　　　　　[ボイド 10:54〜] 遠出したり、遠くから人が訪ねてくれたりする日。発信力も増す。
11	水	旅の日 ▶ 達成の日　　　　　　　　　　　　　　[ボイド 〜00:17] 意欲が湧く。はっきりした成果が出る時間へ。
12	木	達成の日 目標に手が届く。結果が出る日。人から認められる場面も。
13	金	達成の日 ▶ 友だちの日　　　　　　　　　　　　[ボイド 08:08〜11:58] 肩の力が抜け、伸びやかな気持ちになれる。 ◆火星が「他者」のハウスで順行へ。「試合再開」のような節目。熱 くぶつかって勝利できる。
14	土	友だちの日 未来のプランを立てる。友だちと過ごせる。チームワーク。
15	日	☽友だちの日 ▶ ひみつの日　　　　　　　　　　[ボイド 17:41〜21:10] ざわめきから少し離れたくなる。自分の時間。
16	月	ひみつの日 一人の時間。過去を振り返り、戦略を練る。自分を大事にする。

17 火
ひみつの日 [ボイド 23:29〜]
一人の時間。過去を振り返り、戦略を練る。自分を大事にする。

18 水
ひみつの日 ▶ スタートの日 [ボイド 〜02:35]
新しいことを始めやすい時間に切り替わる。
◆水星が「生産」のハウスで順行へ。経済的混乱が解消していく。
物質面での整理を再開。

19 木
スタートの日 [ボイド 19:10〜]
主役の意識で動く。新しい選択肢を選べる。気持ちが切り替わる。

20 金
スタートの日 ▶ お金の日 [ボイド 〜04:13]
物質面・経済活動が活性化する時間に入る。
◆太陽が「コミュニケーション」のハウスへ。1年のサイクルの中で
コミュニケーションを繋ぎ直すとき。

21 土
お金の日
いわゆる「金運がいい」日。実入りが良く、いい買い物もできそう。

22 日
●お金の日 ▶ メッセージの日 [ボイド 00:54〜03:30]
「動き」が出てくる。コミュニケーションの活性。
☽「コミュニケーション」のハウスで新月。新しいコミュニケーション
が始まる。学び始める。朗報も。

23 月
メッセージの日 [ボイド 19:21〜]
待っていた朗報が届く。勉強が捗る。外に出たくなる日。
◆天王星が「任務」のハウスで順行へ。従順であること、常識や前
提条件に疑問が湧いてくる。

24 火
メッセージの日 ▶ 家の日 [ボイド 〜02:37]
生活環境や身内に目が向かう。原点回帰。

25 水
家の日
「普段の生活」が充実。身内との関係強化。環境改善ができる。

26 木
家の日 ▶ 愛の日 [ボイド 01:13〜03:50]
愛の追い風が吹く。好きなことができる。

27 金
愛の日
愛について嬉しいことがある。子育て、趣味、創作にも追い風が。
◆金星が「家」のハウスへ。身近な人とのあたたかな交流。愛着。
居場所を美しくする。

28 土
愛の日 ▶ メンテナンスの日 [ボイド 06:03〜08:44]
「やりたいこと」から「やるべきこと」へのシフト。

29 日
◑メンテナンスの日
生活や心身の故障部分を修理できる。ケアしたり、されたり。

30 月
メンテナンスの日 ▶ 人に会う日 [ボイド 14:54〜17:36]
「自分の世界」から「外界」へ出るような節目。

31 火
人に会う日
人に会ったり、会う約束をしたりする日。出会いの気配も。

2 ·FEBRUARY·

1	水	人に会う日	[ボイド 21:00〜]
		人に会ったり、会う約束をしたりする日。出会いの気配も。	
2	木	人に会う日 ▶ プレゼントの日	[ボイド 〜05:13]
		他者との関係に、さらに一歩踏み込めるように。	
3	金	プレゼントの日	
		人から貴重なものを受け取れる。提案を受ける場面も。	
4	土	プレゼントの日 ▶ 旅の日	[ボイド 15:21〜17:50]
		遠い場所との間に、橋が架かり始める。	
5	日	旅の日	
		遠出したり、遠くから人が訪ねてくれたりする日。発信力も増す。	
6	月	○旅の日	[ボイド 23:17〜]
		遠出したり、遠くから人が訪ねてくれたりする日。発信力も増す。 「旅」のハウスで満月。遠い場所への扉が「満を持して」開かれる。 遠くまで声が届く。	
7	火	旅の日 ▶ 達成の日	[ボイド 〜06:16]
		意欲が湧く。はっきりした成果が出る時間へ。	
8	水	達成の日	
		目標に手が届く。結果が出る日。人から認められる場面も。	
9	木	達成の日 ▶ 友だちの日	[ボイド 15:42〜17:48]
		肩の力が抜け、伸びやかな気持ちになれる。	
10	金	友だちの日	
		未来のプランを立てる。友だちと過ごせる。チームワーク。	
11	土	友だちの日	
		未来のプランを立てる。友だちと過ごせる。チームワーク。 ◆水星が「コミュニケーション」のハウスへ。知的活動の活性化、コミュニケーションの進展。学習の好機。	
12	日	友だちの日 ▶ ひみつの日	[ボイド 01:43〜03:36]
		ざわめきから少し離れたくなる。自分の時間。	
13	月	ひみつの日	
		一人の時間。過去を振り返り、戦略を練る。自分を大事にする。	
14	火	●ひみつの日 ▶ スタートの日	[ボイド 08:54〜10:33]
		新しいことを始めやすい時間に切り替わる。	
15	水	スタートの日	
		主役の意識で動く。新しい選択肢を選べる。気持ちが切り替わる。	
16	木	スタートの日 ▶ お金の日	[ボイド 10:07〜14:01]
		物質面・経済活動が活性化する時間に入る。	
17	金	お金の日	
		いわゆる「金運がいい」日。実入りが良く、いい買い物もできそう。	

18 土	*お金の日 ▶ メッセージの日*	[ボイド 13:19〜14:36]
	「動き」が出てくる。コミュニケーションの活性。	

19 日	*メッセージの日*	
	待っていた朗報が届く。勉強が捗る。外に出たくなる日。 ◆太陽が「家」のハウスへ。1年のサイクルの中で「居場所・家・心」を整備し直すとき。	

20 月	●*メッセージの日 ▶ 家の日*	[ボイド 11:02〜13:58]
	生活環境や身内に目が向かう。原点回帰。 ☽「家」のハウスで新月。心の置き場所が新たに定まる。日常に新しい風が吹き込む。◆金星が「愛」のハウスへ。華やかな愛の季節の始まり。創造的活動への強い追い風。	

21 火	*家の日*	
	「普段の生活」が充実。身内との関係強化。環境改善ができる。	

22 水	*家の日 ▶ 愛の日*	[ボイド 13:07〜14:15]
	愛の追い風が吹く。好きなことができる。	

23 木	*愛の日*	
	愛について嬉しいことがある。子育て、趣味、創作にも追い風が。	

24 金	*愛の日 ▶ メンテナンスの日*	[ボイド 16:23〜17:31]
	「やりたいこと」から「やるべきこと」へのシフト。	

25 土	*メンテナンスの日*	
	生活や心身の故障部分を修理できる。ケアしたり、されたり。	

26 日	*メンテナンスの日*	[ボイド 23:44〜]
	生活や心身の故障部分を修理できる。ケアしたり、されたり。	

27 月	◑*メンテナンスの日 ▶ 人に会う日*	[ボイド 〜00:49]
	「自分の世界」から「外界」へ出るような節目。	

28 火	*人に会う日*	
	人に会ったり、会う約束をしたりする日。出会いの気配も。	

3 ·MARCH·

1	水	人に会う日 ▶ プレゼントの日　　　　　　　　　　　　[ボイド 10:09〜11:42]
		他者との関係に、さらに一歩踏み込めるように。
2	木	プレゼントの日
		人から貴重なものを受け取れる。提案を受ける場面も。
3	金	プレゼントの日　　　　　　　　　　　　　　　　　　[ボイド 23:24〜]
		人から貴重なものを受け取れる。提案を受ける場面も。 ◆水星が「家」のハウスへ。来訪者。身近な人との対話。若々しい風が居場所に吹き込む。
4	土	プレゼントの日 ▶ 旅の日　　　　　　　　　　　　　　[ボイド 〜00:17]
		遠い場所との間に、橋が架かり始める。
5	日	旅の日
		遠出したり、遠くから人が訪ねてくれたりする日。発信力も増す。
6	月	旅の日 ▶ 達成の日　　　　　　　　　　　　　　　　[ボイド 12:20〜12:40]
		意欲が湧く。はっきりした成果が出る時間へ。
7	火	○達成の日 目標に手が届く。結果が出る日。人から認められる場面も。 ☽「目標と結果」のハウスで満月。目標達成のとき。社会的立場が一段階上がるような節目。◆土星が「家」のハウスへ。ここから約2年半をかけて「居場所」を建設していく。
8	水	達成の日 ▶ 友だちの日　　　　　　　　　　　　　　[ボイド 23:09〜23:46]
		肩の力が抜け、伸びやかな気持ちになれる。
9	木	友だちの日
		未来のプランを立てる。友だちと過ごせる。チームワーク。
10	金	友だちの日
		未来のプランを立てる。友だちと過ごせる。チームワーク。
11	土	友だちの日 ▶ ひみつの日　　　　　　　　　　　　　[ボイド 08:38〜09:07]
		ざわめきから少し離れたくなる。自分の時間。
12	日	ひみつの日
		一人の時間。過去を振り返り、戦略を練る。自分を大事にする。
13	月	ひみつの日 ▶ スタートの日　　　　　　　　　　　　[ボイド 16:00〜16:22]
		新しいことを始めやすい時間に切り替わる。
14	火	スタートの日
		主役の意識で動く。新しい選択肢を選べる。気持ちが切り替わる。
15	水	●スタートの日 ▶ お金の日　　　　　　　　　　　　[ボイド 17:52〜21:07]
		物質面・経済活動が活性化する時間に入る。
16	木	お金の日
		いわゆる「金運がいい」日。実入りが良く、いい買い物もできそう。

17 金
お金の日 ▶ メッセージの日
[ボイド 23:15〜23:27]
「動き」が出てくる。コミュニケーションの活性。
◆金星が「任務」のハウスへ。美しい生活スタイルの実現。美のための習慣。楽しい仕事。

18 土
メッセージの日
待っていた朗報が届く。勉強が捗る。外に出たくなる日。

19 日
メッセージの日
[ボイド 19:35〜]
待っていた朗報が届く。勉強が捗る。外に出たくなる日。
◆水星が「愛」のハウスへ。愛に関する学び、教育。若々しい創造性、遊び。知的創造。

20 月
メッセージの日 ▶ 家の日
[ボイド 〜00:14]
生活環境や身内に目が向かう。原点回帰。

21 火
家の日
「普段の生活」が充実。身内との関係強化。環境改善ができる。
◆太陽が「愛」のハウスへ。1年のサイクルの中で「愛・喜び・創造性」を再生するとき。

22 水
●家の日 ▶ 愛の日
[ボイド 01:00〜01:03]
愛の追い風が吹く。好きなことができる。
◐「愛」のハウスで新月。愛が「生まれる」ようなタイミング。大切なものと結びつく。

23 木
愛の日
愛について嬉しいことがある。子育て、趣味、創作にも追い風が。
◆冥王星が「コミュニケーション」のハウスへ。ここから2043年頃にかけ、限りなく深く学べる。

24 金
愛の日 ▶ メンテナンスの日
[ボイド 02:15〜03:44]
「やりたいこと」から「やるべきこと」へのシフト。

25 土
メンテナンスの日
生活や心身の故障部分を修理できる。ケアしたり、されたり。
◆火星が「ギフト」のハウスへ。誘惑と情熱の呼応。生命の融合。精神的支配。配当。負債の解消。

26 日
メンテナンスの日 ▶ 人に会う日
[ボイド 01:21〜09:43]
「自分の世界」から「外界」へ出るような節目。

27 月
人に会う日
人に会ったり、会う約束をしたりする日。出会いの気配も。

28 火
人に会う日 ▶ プレゼントの日
[ボイド 10:41〜19:24]
他者との関係に、さらに一歩踏み込めるように。

29 水
◑プレゼントの日
人から貴重なものを受け取れる。提案を受ける場面も。

30 木
プレゼントの日
[ボイド 22:47〜]
人から貴重なものを受け取れる。提案を受ける場面も。

31 金
プレゼントの日 ▶ 旅の日
[ボイド 〜07:33]
遠い場所との間に、橋が架かり始める。

4 ·APRIL·

1 土　旅の日
遠出したり、遠くから人が訪ねてくれたりする日。発信力も増す。

2 日　旅の日 ▶ 達成の日　　　　　　　　　　　　　　[ボイド 15:05〜19:59]
意欲が湧く。はっきりした成果が出る時間へ。

3 月　達成の日
目標に手が届く。結果が出る日。人から認められる場面も。

4 火　達成の日　　　　　　　　　　　　　　　　　　　[ボイド 22:52〜]
目標に手が届く。結果が出る日。人から認められる場面も。
◆水星が「任務」のハウスへ。日常生活の整理、整備。健康チェック。心身の調律。

5 水　達成の日 ▶ 友だちの日　　　　　　　　　　　　[ボイド 〜06:53]
肩の力が抜け、伸びやかな気持ちになれる。

6 木　○友だちの日　　　　　　　　　　　　　　　　　　[ボイド 21:44〜]
未来のプランを立てる。友だちと過ごせる。チームワーク。
☽「夢と友」のハウスで満月。希望してきた条件が整う。友や仲間への働きかけが「実る」。

7 金　友だちの日 ▶ ひみつの日　　　　　　　　　　　　[ボイド 〜15:31]
ざわめきから少し離れたくなる。自分の時間。

8 土　ひみつの日
一人の時間。過去を振り返り、戦略を練る。自分を大事にする。

9 日　ひみつの日 ▶ スタートの日　　　　　　　　[ボイド 18:11〜21:58]
新しいことを始めやすい時間に切り替わる。

10 月　スタートの日
主役の意識で動く。新しい選択肢を選べる。気持ちが切り替わる。

11 火　スタートの日　　　　　　　　　　　　　　　　　[ボイド 19:49〜]
主役の意識で動く。新しい選択肢を選べる。気持ちが切り替わる。
◆金星が「他者」のハウスへ。人間関係から得られる喜び。愛あるパートナーシップ。

12 水　スタートの日 ▶ お金の日　　　　　　　　　　　[ボイド 〜02:35]
物質面・経済活動が活性化する時間に入る。

13 木　●お金の日　　　　　　　　　　　　　　　　　　[ボイド 23:16〜]
いわゆる「金運がいい」日。実入りが良く、いい買い物もできそう。

14 金　お金の日 ▶ メッセージの日　　　　　　　　　　[ボイド 〜05:44]
「動き」が出てくる。コミュニケーションの活性。

15 土　メッセージの日
待っていた朗報が届く。勉強が捗る。外に出たくなる日。

16 日　メッセージの日 ▶ 家の日　　　　　　　　　　[ボイド 00:17〜07:58]
生活環境や身内に目が向かう。原点回帰。

| 17 | 月 | 家の日
「普段の生活」が充実。身内との関係強化。環境改善ができる。 |

| 18 | 火 | 家の日 ▶ 愛の日　　　　　　　　　　　　　　[ボイド 03:59〜10:11]
愛の追い風が吹く。好きなことができる。 |

| 19 | 水 | 愛の日
愛について嬉しいことがある。子育て、趣味、創作にも追い風が。 |

| 20 | 木 | ●愛の日 ▶ メンテナンスの日　　　　　　　　[ボイド 13:14〜13:31]
「やりたいこと」から「やるべきこと」へのシフト。
☽「愛」のハウスで日食。愛が特別な形で「生まれかわる」かも。創造性の再生。◆太陽が「任務」のハウスへ。1年のサイクルの中で「健康・任務・日常」を再構築するとき。 |

| 21 | 金 | メンテナンスの日
生活や心身の故障部分を修理できる。ケアしたり、されたり。
◆水星が「任務」のハウスで逆行開始。生活態度の見直し、責任範囲の再構築。修理。 |

| 22 | 土 | メンテナンスの日 ▶ 人に会う日　　　　　　　[ボイド 12:43〜19:13]
「自分の世界」から「外界」へ出るような節目。 |

| 23 | 日 | 人に会う日
人に会ったり、会う約束をしたりする日。出会いの気配も。 |

| 24 | 月 | 人に会う日　　　　　　　　　　　　　　　　[ボイド 21:17〜]
人に会ったり、会う約束をしたりする日。出会いの気配も。 |

| 25 | 火 | 人に会う日 ▶ プレゼントの日　　　　　　　　[ボイド 〜04:00]
他者との関係に、さらに一歩踏み込めるように。 |

| 26 | 水 | プレゼントの日
人から貴重なものを受け取れる。提案を受ける場面も。 |

| 27 | 木 | プレゼントの日 ▶ 旅の日　　　　　　　　　　[ボイド 08:42〜15:31]
遠い場所との間に、橋が架かり始める。 |

| 28 | 金 | ●旅の日
遠出したり、遠くから人が訪ねてくれたりする日。発信力も増す。 |

| 29 | 土 | 旅の日　　　　　　　　　　　　　　　　　　[ボイド 19:54〜]
遠出したり、遠くから人が訪ねてくれたりする日。発信力も増す。 |

| 30 | 日 | 旅の日 ▶ 達成の日　　　　　　　　　　　　　[ボイド 〜04:01]
意欲が湧く。はっきりした成果が出る時間へ。 |

5 ·MAY·

1	月	達成の日 目標に手が届く。結果が出る日。人から認められる場面も。

| 2 | 火 | 達成の日 ▶ 友だちの日　　　　　　　　　　　　　[ボイド 08:54〜15:11]
肩の力が抜け、伸びやかな気持ちになれる。
◆冥王星が「コミュニケーション」のハウスで逆行開始。自分が何を
知りたがっているのか、掘り下げる。 |

| 3 | 水 | 友だちの日
未来のプランを立てる。友だちと過ごせる。チームワーク。 |

| 4 | 木 | 友だちの日 ▶ ひみつの日　　　　　　　　　　　[ボイド 18:18〜23:34]
ざわめきから少し離れたくなる。自分の時間。 |

| 5 | 金 | ひみつの日
一人の時間。過去を振り返り、戦略を練る。自分を大事にする。 |

| 6 | 土 | ○ひみつの日　　　　　　　　　　　　　　　　　[ボイド 23:39〜]
一人の時間。過去を振り返り、戦略を練る。自分を大事にする。
🌙「ひみつ」のハウスで月食。心の中で不思議な「解放」が起こりそ
う。精神的脱皮。 |

| 7 | 日 | ひみつの日 ▶ スタートの日　　　　　　　　　　[ボイド 〜05:06]
新しいことを始めやすい時間に切り替わる。
◆金星が「ギフト」のハウスへ。欲望の解放と調整、他者への要求、
他者からの要求。甘え。 |

| 8 | 月 | スタートの日
主役の意識で動く。新しい選択肢を選べる。気持ちが切り替わる。 |

| 9 | 火 | スタートの日 ▶ お金の日　　　　　　　　　　　[ボイド 05:30〜08:35]
物質面・経済活動が活性化する時間に入る。 |

| 10 | 水 | お金の日
いわゆる「金運がいい」日。実入りが良く、いい買い物もできそう。 |

| 11 | 木 | お金の日 ▶ メッセージの日　　　　　　　　　　[ボイド 08:54〜11:07]
「動き」が出てくる。コミュニケーションの活性。 |

| 12 | 金 | ◐メッセージの日
待っていた朗報が届く。勉強が捗る。外に出たくなる日。 |

| 13 | 土 | メッセージの日 ▶ 家の日　　　　　　　　　　　[ボイド 12:17〜13:41]
生活環境や身内に目が向かう。原点回帰。 |

| 14 | 日 | 家の日
「普段の生活」が充実。身内との関係強化。環境改善ができる。 |

| 15 | 月 | 家の日 ▶ 愛の日　　　　　　　　　　　　　　　[ボイド 11:58〜16:57]
愛の追い風が吹く。好きなことができる。
◆水星が「任務」のハウスで順行へ。体調が整い、やるべきことが
はっきり見えてくる。 |

16 火 愛の日
愛について嬉しいことがある。子育て、趣味、創作にも追い風が。

17 水 愛の日 ▶ メンテナンスの日 [ボイド 18:11〜21:29]
「やりたいこと」から「やるべきこと」へのシフト。
◆木星が「任務」のハウスへ。役割・生活・任務・健康・就労関係などを新たにする1年へ。

18 木 メンテナンスの日
生活や心身の故障部分を修理できる。ケアしたり、されたり。

19 金 メンテナンスの日
生活や心身の故障部分を修理できる。ケアしたり、されたり。

20 土 ●メンテナンスの日 ▶ 人に会う日 [ボイド 02:52〜03:49]
「自分の世界」から「外界」へ出るような節目。
☽「任務」のハウスで新月。新しい生活習慣、新しい任務がスタートするとき。体調の調整。

21 日 人に会う日
人に会ったり、会う約束をしたりする日。出会いの気配も。
◆火星が「旅」のハウスへ。ここから「遠征」「挑戦の旅」に出発する人も。学びへの情熱。◆太陽が「他者」のハウスへ。1年のサイクルの中で人間関係を「結び直す」とき。

22 月 人に会う日 ▶ プレゼントの日 [ボイド 07:13〜12:30]
他者との関係に、さらに一歩踏み込めるように。

23 火 プレゼントの日
人から貴重なものを受け取れる。提案を受ける場面も。

24 水 プレゼントの日 ▶ 旅の日 [ボイド 18:14〜23:36]
遠い場所との間に、橋が架かり始める。

25 木 旅の日
遠出したり、遠くから人が訪ねてくれたりする日。発信力も増す。

26 金 旅の日 [ボイド 15:40〜]
遠出したり、遠くから人が訪ねてくれたりする日。発信力も増す。

27 土 旅の日 ▶ 達成の日 [ボイド 〜12:07]
意欲が湧く。はっきりした成果が出る時間へ。

28 日 ●達成の日
目標に手が届く。結果が出る日。人から認められる場面も。

29 月 達成の日 ▶ 友だちの日 [ボイド 18:47〜23:52]
肩の力が抜け、伸びやかな気持ちになれる。

30 火 友だちの日
未来のプランを立てる。友だちと過ごせる。チームワーク。

31 水 友だちの日 [ボイド 23:55〜]
未来のプランを立てる。友だちと過ごせる。チームワーク。

6 ·JUNE·

1	木	友だちの日 ▶ ひみつの日	[ボイド 〜08:47]
		ざわめきから少し離れたくなる。自分の時間。	
2	金	ひみつの日	
		一人の時間。過去を振り返り、戦略を練る。自分を大事にする。	
3	土	ひみつの日 ▶ スタートの日	[ボイド 09:53〜14:05]
		新しいことを始めやすい時間に切り替わる。	
4	日	○スタートの日	
		主役の意識で動く。新しい選択肢を選べる。気持ちが切り替わる。	
		☽「自分」のハウスで満月。現在の自分を受け入れられる。誰かに受け入れてもらえる。	
5	月	スタートの日 ▶ お金の日	[ボイド 12:25〜16:33]
		物質面・経済活動が活性化する時間に入る。	
		◆金星が「旅」のハウスへ。楽しい旅の始まり、旅の仲間。研究の果実。距離を越える愛。	
6	火	お金の日	
		いわゆる「金運がいい」日。実入りが良く、いい買い物もできそう。	
7	水	お金の日 ▶ メッセージの日	[ボイド 13:41〜17:43]
		「動き」が出てくる。コミュニケーションの活性。	
8	木	メッセージの日	
		待っていた朗報が届く。勉強が捗る。外に出たくなる日。	
9	金	メッセージの日 ▶ 家の日	[ボイド 13:25〜19:16]
		生活環境や身内に目が向かう。原点回帰。	
10	土	家の日	
		「普段の生活」が充実。身内との関係強化。環境改善ができる。	
11	日	◑家の日 ▶ 愛の日	[ボイド 22:22〜22:22]
		愛の追い風が吹く。好きなことができる。	
		◆逆行中の冥王星が「生産」のハウスへ。2008年頃からの経済活動の拡大を振り返る時間に。◆水星が「他者」のハウスへ。正面から向き合う対話。調整のための交渉。若い人との出会い。	
12	月	愛の日	
		愛について嬉しいことがある。子育て、趣味、創作にも追い風が。	
13	火	愛の日	
		愛について嬉しいことがある。子育て、趣味、創作にも追い風が。	
14	水	愛の日 ▶ メンテナンスの日	[ボイド 03:28〜03:33]
		「やりたいこと」から「やるべきこと」へのシフト。	
15	木	メンテナンスの日	
		生活や心身の故障部分を修理できる。ケアしたり、されたり。	
16	金	メンテナンスの日 ▶ 人に会う日	[ボイド 10:38〜10:47]
		「自分の世界」から「外界」へ出るような節目。	

17 土　人に会う日
人に会ったり、会う約束をしたりする日。出会いの気配も。

18 日　● 人に会う日 ▶ プレゼントの日　［ボイド 15:26〜19:59］
他者との関係に、さらに一歩踏み込めるように。
◆土星が「家」のハウスで逆行開始。居場所や家族に関するプレッシャーが緩む。🌑「他者」のハウスで新月。出会いのとき。誰かとの関係が刷新。未来への約束を交わす。

19 月　プレゼントの日
人から貴重なものを受け取れる。提案を受ける場面も。

20 火　プレゼントの日
人から貴重なものを受け取れる。提案を受ける場面も。

21 水　プレゼントの日 ▶ 旅の日　［ボイド 06:45〜07:06］
遠い場所との間に、橋が架かり始める。
◆太陽が「ギフト」のハウスへ。1年のサイクルの中で経済的授受のバランスを見直すとき。

22 木　旅の日
遠出したり、遠くから人が訪ねてくれたりする日。発信力も増す。

23 金　旅の日 ▶ 達成の日　［ボイド 02:02〜19:37］
意欲が湧く。はっきりした成果が出る時間へ。

24 土　達成の日
目標に手が届く。結果が出る日。人から認められる場面も。

25 日　達成の日
目標に手が届く。結果が出る日。人から認められる場面も。

26 月　◑ 達成の日 ▶ 友だちの日　［ボイド 07:26〜07:59］
肩の力が抜け、伸びやかな気持ちになれる。

27 火　友だちの日
未来のプランを立てる。友だちと過ごせる。チームワーク。
◆水星が「ギフト」のハウスへ。利害のマネジメント。コンサルテーション。カウンセリング。

28 水　友だちの日 ▶ ひみつの日　［ボイド 17:20〜17:57］
ざわめきから少し離れたくなる。自分の時間。

29 木　ひみつの日
一人の時間。過去を振り返り、戦略を練る。自分を大事にする。

30 金　ひみつの日　［ボイド 23:22〜］
一人の時間。過去を振り返り、戦略を練る。自分を大事にする。

7 ・JULY・

1	土	ひみつの日 ▶ スタートの日　　　　　　　　　　　　[ボイド 〜00:01] 新しいことを始めやすい時間に切り替わる。 ◆海王星が「家」のハウスで逆行開始。居場所に特別な「心の置き場所」を作り始める。
2	日	スタートの日　　　　　　　　　　　　　　　　　[ボイド 22:35〜] 主役の意識で動く。新しい選択肢を選べる。気持ちが切り替わる。
3	月	○スタートの日 ▶ お金の日　　　　　　　　　　　　[ボイド 〜02:22] 物質面・経済活動が活性化する時間に入る。 ☽「生産」のハウスで満月。経済的・物質的な努力が実り、収穫が得られる。豊かさ、満足。
4	火	お金の日 いわゆる「金運がいい」日。実入りが良く、いい買い物もできそう。
5	水	お金の日 ▶ メッセージの日　　　　　　　　[ボイド 01:47〜02:32] 「動き」が出てくる。コミュニケーションの活性。
6	木	メッセージの日　　　　　　　　　　　　　　　　[ボイド 22:43〜] 待っていた朗報が届く。勉強が捗る。外に出たくなる日。
7	金	メッセージの日 ▶ 家の日　　　　　　　　　　　　[ボイド 〜02:34] 生活環境や身内に目が向かう。原点回帰。
8	土	家の日 「普段の生活」が充実。身内との関係強化。環境改善ができる。
9	日	家の日 ▶ 愛の日　　　　　　　　　　　　[ボイド 03:24〜04:21] 愛の追い風が吹く。好きなことができる。
10	月	愛の日 愛について嬉しいことがある。子育て、趣味、創作にも追い風が。 ◆火星が「目標と結果」のハウスへ。キャリアや社会的立場における「勝負」の季節へ。挑戦の時間。
11	火	愛の日 ▶ メンテナンスの日　　　　　　　　[ボイド 08:13〜08:57] 「やりたいこと」から「やるべきこと」へのシフト。 ◆水星が「旅」のハウスへ。軽やかな旅立ち。勉強や研究に追い風が。導き手に恵まれる。
12	水	メンテナンスの日 生活や心身の故障部分を修理できる。ケアしたり、されたり。
13	木	メンテナンスの日 ▶ 人に会う日　　　　　　[ボイド 15:12〜16:28] 「自分の世界」から「外界」へ出るような節目。
14	金	人に会う日 人に会ったり、会う約束をしたりする日。出会いの気配も。
15	土	人に会う日　　　　　　　　　　　　　　　　[ボイド 21:37〜] 人に会ったり、会う約束をしたりする日。出会いの気配も。

16 日 人に会う日 ▶ プレゼントの日   [ボイド 〜02:15]
他者との関係に、さらに一歩踏み込めるように。

17 月 プレゼントの日
人から貴重なものを受け取れる。提案を受ける場面も。

18 火 ●プレゼントの日 ▶ 旅の日   [ボイド 12:08〜13:41]
遠い場所との間に、橋が架かり始める。
🌙「ギフト」のハウスで新月。心の扉を開く。誰かに導かれての経験。
ギフトから始まること。

19 水 旅の日
遠出したり、遠くから人が訪ねてくれたりする日。発信力も増す。

20 木 旅の日   [ボイド 23:10〜]
遠出したり、遠くから人が訪ねてくれたりする日。発信力も増す。

21 金 旅の日 ▶ 達成の日   [ボイド 〜02:14]
意欲が湧く。はっきりした成果が出る時間へ。

22 土 達成の日
目標に手が届く。結果が出る日。人から認められる場面も。

23 日 達成の日 ▶ 友だちの日   [ボイド 13:08〜14:56]
肩の力が抜け、伸びやかな気持ちになれる。
◆金星が「旅」のハウスで逆行開始。愛の哲学を「鍛え直す」時間
に入る。面的な学びへ。◆太陽が「旅」のハウスへ。1年のサイクル
の中で「精神的成長」を確認するとき。

24 月 友だちの日
未来のプランを立てる。友だちと過ごせる。チームワーク。

25 火 友だちの日
未来のプランを立てる。友だちと過ごせる。チームワーク。

26 水 ◗友だちの日 ▶ ひみつの日   [ボイド 00:07〜01:57]
ざわめきから少し離れたくなる。自分の時間。

27 木 ひみつの日
一人の時間。過去を振り返り、戦略を練る。自分を大事にする。

28 金 ひみつの日 ▶ スタートの日   [ボイド 07:38〜09:26]
新しいことを始めやすい時間に切り替わる。

29 土 スタートの日
主役の意識で動く。新しい選択肢を選べる。気持ちが切り替わる。
◆水星が「目標と結果」のハウスへ。ここから忙しくなる。新しい課
題、ミッション、使命。

30 日 スタートの日 ▶ お金の日   [ボイド 08:53〜12:46]
物質面・経済活動が活性化する時間に入る。

31 月 お金の日
いわゆる「金運がいい」日。実入りが良く、いい買い物もできそう。

8 ・AUGUST・

1	火	お金の日 ▶ メッセージの日 [ボイド 11:14〜12:59] 「動き」が出てくる。コミュニケーションの活性。
2	水	○メッセージの日 待っていた朗報が届く。勉強が捗る。外に出たくなる日。 🌙「コミュニケーション」のハウスで満月。重ねてきた勉強や対話が 実を結ぶとき。意思疎通が叶う。
3	木	メッセージの日 ▶ 家の日 [ボイド 06:17〜12:07] 生活環境や身内に目が向かう。原点回帰。
4	金	家の日 「普段の生活」が充実。身内との関係強化。環境改善ができる。
5	土	家の日 ▶ 愛の日 [ボイド 10:22〜12:21] 愛の追い風が吹く。好きなことができる。
6	日	愛の日 愛について嬉しいことがある。子育て、趣味、創作にも追い風が。
7	月	愛の日 ▶ メンテナンスの日 [ボイド 13:14〜15:26] 「やりたいこと」から「やるべきこと」へのシフト。
8	火	◐メンテナンスの日 生活や心身の故障部分を修理できる。ケアしたり、されたり。
9	水	メンテナンスの日 ▶ 人に会う日 [ボイド 19:40〜22:07] 「自分の世界」から「外界」へ出るような節目。
10	木	人に会う日 人に会ったり、会う約束をしたりする日。出会いの気配も。
11	金	人に会う日 人に会ったり、会う約束をしたりする日。出会いの気配も。
12	土	人に会う日 ▶ プレゼントの日 [ボイド 02:29〜07:54] 他者との関係に、さらに一歩踏み込めるように。
13	日	プレゼントの日 人から貴重なものを受け取れる。提案を受ける場面も。
14	月	プレゼントの日 ▶ 旅の日 [ボイド 16:48〜19:38] 遠い場所との間に、橋が架かり始める。
15	火	旅の日 遠出したり、遠くから人が訪ねてくれたりする日。発信力も増す。
16	水	●旅の日 [ボイド 18:40〜] 遠出したり、遠くから人が訪ねてくれたりする日。発信力も増す。 🌙「旅」のハウスで新月。旅に出発する。専門分野を開拓し始める。 矢文を放つ。
17	木	旅の日 ▶ 達成の日 [ボイド 〜08:16] 意欲が湧く。はっきりした成果が出る時間へ。

18	金	達成の日
		目標に手が届く。結果が出る日。人から認められる場面も。

19	土	達成の日 ▶ 友だちの日 　　　　　　　　　　　　 [ボイド 17:52〜20:55]
		肩の力が抜け、伸びやかな気持ちになれる。

20	日	友だちの日
		未来のプランを立てる。友だちと過ごせる。チームワーク。

21	月	友だちの日
		未来のプランを立てる。友だちと過ごせる。チームワーク。

22	火	友だちの日 ▶ ひみつの日 　　　　　　　　　　 [ボイド 05:33〜08:24]
		ざわめきから少し離れたくなる。自分の時間。

23	水	ひみつの日
		一人の時間。過去を振り返り、戦略を練る。自分を大事にする。 ◆太陽が「目標と結果」のハウスへ。1年のサイクルの中で「目標と達成」を確認するとき。

24	木	●ひみつの日 ▶ スタートの日 　　　　　　　　 [ボイド 14:12〜17:09]
		新しいことを始めやすい時間に切り替わる。 ◆水星が「目標と結果」のハウスで逆行開始。仕事や対外的な活動における「見直し」期間へ。

25	金	スタートの日
		主役の意識で動く。新しい選択肢を選べる。気持ちが切り替わる。

26	土	スタートの日 ▶ お金の日 　　　　　　　　　　 [ボイド 20:58〜22:07]
		物質面・経済活動が活性化する時間に入る。

27	日	お金の日
		いわゆる「金運がいい」日。実入りが良く、いい買い物もできそう。 ◆火星が「夢と友」のハウスへ。交友関係やチームワークに「熱」がこもる。夢を叶える勝負。

28	月	お金の日 ▶ メッセージの日 　　　　　　　　 [ボイド 20:51〜23:33]
		「動き」が出てくる。コミュニケーションの活性。

29	火	メッセージの日
		待っていた朗報が届く。勉強が捗る。外に出たくなる日。 ◆天王星が「任務」のハウスで逆行開始。義務や責任、日常生活への反感を掘り下げる。

30	水	メッセージの日 ▶ 家の日 　　　　　　　　　　 [ボイド 12:06〜22:58]
		生活環境や身内に目が向かう。原点回帰。

31	木	○家の日
		「普段の生活」が充実。身内との関係強化。環境改善ができる。 ◗「家」のハウスで満月。居場所が「定まる」。身近な人との間で「心満ちる」とき。

9 •SEPTEMBER•

1 金
家の日 ▶ 愛の日 [ボイド 19:37〜22:26]
愛の追い風が吹く。好きなことができる。

2 土
愛の日
愛について嬉しいことがある。子育て、趣味、創作にも追い風が。

3 日
愛の日 [ボイド 20:58〜]
愛について嬉しいことがある。子育て、趣味、創作にも追い風が。

4 月
愛の日 ▶ メンテナンスの日 [ボイド 〜00:01]
「やりたいこと」から「やるべきこと」へのシフト。
◆金星が「旅」のハウスで順行へ。遠方との愛の交流が正常化。楽しい研究、楽しい旅。◆木星が「任務」のハウスで逆行開始。「新しい任務」の検証、熟成。意味ある試行錯誤。

5 火
メンテナンスの日
生活や心身の故障部分を修理できる。ケアしたり、されたり。

6 水
メンテナンスの日 ▶ 人に会う日 [ボイド 01:48〜05:08]
「自分の世界」から「外界」へ出るような節目。

7 木
●人に会う日
人に会ったり、会う約束をしたりする日。出会いの気配も。

8 金
人に会う日 ▶ プレゼントの日 [ボイド 07:23〜14:01]
他者との関係に、さらに一歩踏み込めるように。

9 土
プレゼントの日
人から貴重なものを受け取れる。提案を受ける場面も。

10 日
プレゼントの日 [ボイド 21:49〜]
人から貴重なものを受け取れる。提案を受ける場面も。

11 月
プレゼントの日 ▶ 旅の日 [ボイド 〜01:38]
遠い場所との間に、橋が架かり始める。

12 火
旅の日
遠出したり、遠くから人が訪ねてくれたりする日。発信力も増す。

13 水
旅の日 ▶ 達成の日 [ボイド 00:07〜14:20]
意欲が湧く。はっきりした成果が出る時間へ。

14 木
達成の日
目標に手が届く。結果が出る日。人から認められる場面も。

15 金
●達成の日 [ボイド 22:51〜]
目標に手が届く。結果が出る日。人から認められる場面も。
☽「目標と結果」のハウスで新月。新しいミッションがスタートするとき。目的意識が定まる。

16 土
達成の日 ▶ 友だちの日 [ボイド 〜02:46]
肩の力が抜け、伸びやかな気持ちになれる。
◆水星が「目標と結果」のハウスで順行へ。仕事や対外的活動に関する足止めが解除される。

17	日	友だちの日 未来のプランを立てる。友だちと過ごせる。チームワーク。
18	月	友だちの日 ▶ ひみつの日　　　　　　　　　　　　[ボイド 10:08〜14:00] ざわめきから少し離れたくなる。自分の時間。
19	火	ひみつの日 一人の時間。過去を振り返り、戦略を練る。自分を大事にする。
20	水	ひみつの日 ▶ スタートの日　　　　　　　　　　　[ボイド 19:23〜23:08] 新しいことを始めやすい時間に切り替わる。
21	木	スタートの日 主役の意識で動く。新しい選択肢を選べる。気持ちが切り替わる。
22	金	スタートの日 主役の意識で動く。新しい選択肢を選べる。気持ちが切り替わる。
23	土	◗ スタートの日 ▶ お金の日　　　　　　　　　　　[ボイド 04:33〜05:22] 物質面・経済活動が活性化する時間に入る。 ◆太陽が「夢と友」のハウスへ。1年のサイクルの中で「友」「未来」 に目を向ける季節へ。
24	日	お金の日 いわゆる「金運がいい」日。実入りが良く、いい買い物もできそう。
25	月	お金の日 ▶ メッセージの日　　　　　　　　　　[ボイド 05:07〜08:31] 「動き」が出てくる。コミュニケーションの活性。
26	火	メッセージの日　　　　　　　　　　　　　　　　[ボイド 21:40〜] 待っていた朗報が届く。勉強が捗る。外に出たくなる日。
27	水	メッセージの日 ▶ 家の日　　　　　　　　　　　[ボイド 〜09:20] 生活環境や身内に目が向かう。原点回帰。
28	木	家の日 「普段の生活」が充実。身内との関係強化。環境改善ができる。
29	金	◯ 家の日 ▶ 愛の日　　　　　　　　　　　　　　[ボイド 05:59〜09:19] 愛の追い風が吹く。好きなことができる。 🌙「愛」のハウスで満月。愛が「満ちる」「実る」とき。クリエイティブ な作品の完成。
30	土	愛の日 愛について嬉しいことがある。子育て、趣味、創作にも追い風が。

10 •OCTOBER•

1	日	愛の日 ▶ メンテナンスの日 [ボイド 06:51〜10:20]
		「やりたいこと」から「やるべきこと」へのシフト。

2	月	メンテナンスの日
		生活や心身の故障部分を修理できる。ケアしたり、されたり。

3	火	メンテナンスの日 ▶ 人に会う日 [ボイド 10:21〜14:05]
		「自分の世界」から「外界」へ出るような節目。

4	水	人に会う日
		人に会ったり、会う約束をしたりする日。出会いの気配も。

5	木	人に会う日 ▶ プレゼントの日 [ボイド 15:36〜21:33]
		他者との関係に、さらに一歩踏み込めるように。
		◆水星が「夢と友」のハウスへ。仲間に恵まれる爽やかな季節。友と夢を語れる。

6	金	❶ プレゼントの日
		人から貴重なものを受け取れる。提案を受ける場面も。

7	土	プレゼントの日
		人から貴重なものを受け取れる。提案を受ける場面も。

8	日	プレゼントの日 ▶ 旅の日 [ボイド 04:13〜08:26]
		遠い場所との間に、橋が架かり始める。

9	月	旅の日
		遠出したり、遠くから人が訪ねてくれたりする日。発信力も増す。
		◆金星が「目標と結果」のハウスへ。目標達成と勲章。気軽に掴めるチャンス。嬉しい配役。

10	火	旅の日 ▶ 達成の日 [ボイド 18:38〜21:03]
		意欲が湧く。はっきりした成果が出る時間へ。

11	水	達成の日
		目標に手が届く。結果が出る日。人から認められる場面も。
		◆冥王星が「生産」のハウスで順行へ。「欲」の地下水が井戸に適度に湧き上がる。

12	木	達成の日
		目標に手が届く。結果が出る日。人から認められる場面も。
		◆火星が「ひみつ」のハウスへ。内なる敵と闘って克服できる時間。自分の真の強さを知る。

13	金	達成の日 ▶ 友だちの日 [ボイド 05:12〜09:24]
		肩の力が抜け、伸びやかな気持ちになれる。

14	土	友だちの日
		未来のプランを立てる。友だちと過ごせる。チームワーク。

15	日	● 友だちの日 ▶ ひみつの日 [ボイド 16:03〜20:06]
		ざわめきから少し離れたくなる。自分の時間。
		☽「夢と友」のハウスで日食。友や仲間との特別な出会いがあるかも。新しい夢を見つける。

16	月	ひみつの日 一人の時間。過去を振り返り、戦略を練る。自分を大事にする。
17	火	ひみつの日 一人の時間。過去を振り返り、戦略を練る。自分を大事にする。
18	水	ひみつの日 ▶ スタートの日 　　　　　　　　　　　　［ボイド 00:45〜04:38］ 新しいことを始めやすい時間に切り替わる。
19	木	スタートの日 主役の意識で動く。新しい選択肢を選べる。気持ちが切り替わる。
20	金	スタートの日 ▶ お金の日 　　　　　　　　　　　　　［ボイド 04:04〜10:56］ 物質面・経済活動が活性化する時間に入る。
21	土	お金の日 いわゆる「金運がいい」日。実入りが良く、いい買い物もできそう。
22	日	●お金の日 ▶ メッセージの日 　　　　　　　　　　　［ボイド 15:02〜15:08］ 「動き」が出てくる。コミュニケーションの活性。 ◆水星が「ひみつ」のハウスへ。思考が深まる。思索、瞑想、誰かのための勉強。記録の精査。
23	月	メッセージの日 待っていた朗報が届く。勉強が捗る。外に出たくなる日。
24	火	メッセージの日 ▶ 家の日 　　　　　　　　　　　　　［ボイド 04:06〜17:35］ 生活環境や身内に目が向かう。原点回帰。 ◆太陽が「ひみつ」のハウスへ。新しい1年を目前にしての、振り返りと準備の時期。
25	水	家の日 「普段の生活」が充実。身内との関係強化。環境改善ができる。
26	木	家の日 ▶ 愛の日 　　　　　　　　　　　　　　　　　［ボイド 15:41〜19:03］ 愛の追い風が吹く。好きなことができる。
27	金	愛の日 愛について嬉しいことがある。子育て、趣味、創作にも追い風が。
28	土	愛の日 ▶ メンテナンスの日 　　　　　　　　　　　［ボイド 17:21〜20:46］ 「やりたいこと」から「やるべきこと」へのシフト。
29	日	○メンテナンスの日 生活や心身の故障部分を修理できる。ケアしたり、されたり。 ☽「任務」のハウスで月食。体調や労働が一つのピークを迎えたことで、不思議な変化が。
30	月	メンテナンスの日 　　　　　　　　　　　　　　　　　［ボイド 20:37〜］ 生活や心身の故障部分を修理できる。ケアしたり、されたり。
31	火	メンテナンスの日 ▶ 人に会う日 　　　　　　　　　　［ボイド 〜00:09］ 「自分の世界」から「外界」へ出るような節目。

11 ·NOVEMBER·

| 1 | 水 | 人に会う日 | [ボイド 21:38〜] |
| | | 人に会ったり、会う約束をしたりする日。出会いの気配も。 | |

| 2 | 木 | 人に会う日 ▶ プレゼントの日 | [ボイド 〜06:32] |
| | | 他者との関係に、さらに一歩踏み込めるように。 | |

| 3 | 金 | プレゼントの日 | |
| | | 人から貴重なものを受け取れる。提案を受ける場面も。 | |

| 4 | 土 | プレゼントの日 ▶ 旅の日 | [ボイド 12:29〜16:23] |
| | | 遠い場所との間に、橋が架かり始める。
◆土星が「家」のハウスで順行へ。家族や居場所への責任を「背負い直す」とき。 | |

| 5 | 日 | ◐旅の日 | |
| | | 遠出したり、遠くから人が訪ねてくれたりする日。発信力も増す。 | |

| 6 | 月 | 旅の日 | [ボイド 16:27〜] |
| | | 遠出したり、遠くから人が訪ねてくれたりする日。発信力も増す。 | |

| 7 | 火 | 旅の日 ▶ 達成の日 | [ボイド 〜04:41] |
| | | 意欲が湧く。はっきりした成果が出る時間へ。 | |

| 8 | 水 | 達成の日 | |
| | | 目標に手が届く。結果が出る日。人から認められる場面も。
◆金星が「夢と友」のハウスへ。友や仲間との交流が華やかに。「恵み」を受け取れる。 | |

| 9 | 木 | 達成の日 ▶ 友だちの日 | [ボイド 13:57〜17:10] |
| | | 肩の力が抜け、伸びやかな気持ちになれる。 | |

| 10 | 金 | 友だちの日 | |
| | | 未来のプランを立てる。友だちと過ごせる。チームワーク。
◆水星が「自分」のハウスへ。知的活動が活性化。若々しい気持ち、行動力。発言力の強化。 | |

| 11 | 土 | 友だちの日 | |
| | | 未来のプランを立てる。友だちと過ごせる。チームワーク。 | |

| 12 | 日 | 友だちの日 ▶ ひみつの日 | [ボイド 00:07〜03:41] |
| | | ざわめきから少し離れたくなる。自分の時間。 | |

| 13 | 月 | ●ひみつの日 | |
| | | 一人の時間。過去を振り返り、戦略を練る。自分を大事にする。
☽「ひみつ」のハウスで新月。密かな迷いから解放される。自他を救うための行動を起こす。 | |

| 14 | 火 | ひみつの日 ▶ スタートの日 | [ボイド 08:05〜11:25] |
| | | 新しいことを始めやすい時間に切り替わる。 | |

| 15 | 水 | スタートの日 | |
| | | 主役の意識で動く。新しい選択肢を選べる。気持ちが切り替わる。 | |

16	木	スタートの日 ▶ お金の日	[ボイド 07:59〜16:43]

16 木 スタートの日 ▶ お金の日　　　　　　　　[ボイド 07:59〜16:43]
物質面・経済活動が活性化する時間に入る。

17 金 お金の日
いわゆる「金運がいい」日。実入りが良く、いい買い物もできそう。

18 土 お金の日 ▶ メッセージの日　　　　　　　[ボイド 17:29〜20:29]
「動き」が出てくる。コミュニケーションの活性。

19 日 メッセージの日
待っていた朗報が届く。勉強が捗る。外に出たくなる日。

20 月 ◐メッセージの日 ▶ 家の日　　　　　　　[ボイド 19:52〜23:31]
生活環境や身内に目が向かう。原点回帰。

21 火 家の日
「普段の生活」が充実。身内との関係強化。環境改善ができる。

22 水 家の日
「普段の生活」が充実。身内との関係強化。環境改善ができる。
◆太陽が「自分」のハウスへ。お誕生月の始まり、新しい1年への
「扉」を開くとき。

23 木 家の日 ▶ 愛の日　　　　　　　　　　　[ボイド 00:11〜02:21]
愛の追い風が吹く。好きなことができる。

24 金 愛の日
愛について嬉しいことがある。子育て、趣味、創作にも追い風が。
◆火星が「自分」のハウスへ。熱い自己変革の季節へ。勝負、挑戦。
自分から動きたくなる。

25 土 愛の日 ▶ メンテナンスの日　　　　　　　[ボイド 02:42〜05:30]
「やりたいこと」から「やるべきこと」へのシフト。

26 日 メンテナンスの日
生活や心身の故障部分を修理できる。ケアしたり、されたり。

27 月 ○メンテナンスの日 ▶ 人に会う日　　　　　[ボイド 06:53〜09:42]
「自分の世界」から「外界」へ出るような節目。
◐「他者」のハウスで満月。誰かとの一対一の関係が「満ちる」。交
渉の成立、契約。

28 火 人に会う日
人に会ったり、会う約束をしたりする日。出会いの気配も。

29 水 人に会う日 ▶ プレゼントの日　　　　　　　[ボイド 10:05〜15:55]
他者との関係に、さらに一歩踏み込めるように。

30 木 プレゼントの日
人から貴重なものを受け取れる。提案を受ける場面も。

12 •DECEMBER•

1	金	プレゼントの日 [ボイド 22:08〜] 人から貴重なものを受け取れる。提案を受ける場面も。 ◆水星が「生産」のハウスへ。経済活動に知性を活かす。情報収集、経営戦略。在庫整理。
2	土	プレゼントの日 ▶ 旅の日 [ボイド 〜01:02] 遠い場所との間に、橋が架かり始める。
3	日	旅の日 遠出したり、遠くから人が訪ねてくれたりする日。発信力も増す。
4	月	旅の日 ▶ 達成の日 [ボイド 11:13〜12:52] 意欲が湧く。はっきりした成果が出る時間へ。
5	火	◑ 達成の日 目標に手が届く。結果が出る日。人から認められる場面も。 ◆金星が「ひみつ」のハウスへ。これ以降、純粋な愛情から行動できる。一人の時間の充実も。
6	水	達成の日 [ボイド 22:52〜] 目標に手が届く。結果が出る日。人から認められる場面も。 ◆海王星が「家」のハウスで順行へ。身近な人への思いが改まる。大切なことを伝える言葉。
7	木	達成の日 ▶ 友だちの日 [ボイド 〜01:36] 肩の力が抜け、伸びやかな気持ちになれる。
8	金	友だちの日 未来のプランを立てる。友だちと過ごせる。チームワーク。
9	土	友だちの日 ▶ ひみつの日 [ボイド 10:07〜12:36] ざわめきから少し離れたくなる。自分の時間。
10	日	ひみつの日 一人の時間。過去を振り返り、戦略を練る。自分を大事にする。
11	月	ひみつの日 ▶ スタートの日 [ボイド 17:59〜20:13] 新しいことを始めやすい時間に切り替わる。
12	火	スタートの日 主役の意識で動く。新しい選択肢を選べる。気持ちが切り替わる。
13	水	● スタートの日 [ボイド 15:50〜] 主役の意識で動く。新しい選択肢を選べる。気持ちが切り替わる。 ☽「自分」のハウスで新月。大切なことがスタートする節目。フレッシュな「切り替え」。◆水星が「生産」のハウスで逆行開始。経済活動に関する整理と記録。再計算。棚卸し。
14	木	スタートの日 ▶ お金の日 [ボイド 〜00:33] 物質面・経済活動が活性化する時間に入る。
15	金	お金の日 いわゆる「金運がいい」日。実入りが良く、いい買い物もできそう。

16 土 お金の日 ▶ メッセージの日　　　　　　　　　　　　[ボイド 01:05〜02:58]
「動き」が出てくる。コミュニケーションの活性。

17 日 メッセージの日　　　　　　　　　　　　　　　　　[ボイド 21:05〜]
待っていた朗報が届く。勉強が捗る。外に出たくなる日。

18 月 メッセージの日 ▶ 家の日　　　　　　　　　　　　[ボイド 〜05:00]
生活環境や身内に目が向かう。原点回帰。

19 火 家の日
「普段の生活」が充実。身内との関係強化。環境改善ができる。

20 水 ◐家の日 ▶ 愛の日　　　　　　　　　　　　　　　[ボイド 06:05〜07:48]
愛の追い風が吹く。好きなことができる。

21 木 愛の日
愛について嬉しいことがある。子育て、趣味、創作にも追い風が。

22 金 愛の日 ▶ メンテナンスの日　　　　　　　　　　[ボイド 11:49〜11:52]
「やりたいこと」から「やるべきこと」へのシフト。
◆太陽が「生産」のハウスへ。1年のサイクルの中で「物質的・経済的土台」を整備する。

23 土 メンテナンスの日
生活や心身の故障部分を修理できる。ケアしたり、されたり。
◆逆行中の水星が「自分」のハウスに。立ち止まり振り返る機会。反芻、咀嚼の時間へ。

24 日 メンテナンスの日 ▶ 人に会う日　　　　　　　　[ボイド 15:41〜17:16]
「自分の世界」から「外界」へ出るような節目。

25 月 人に会う日
人に会ったり、会う約束をしたりする日。出会いの気配も。

26 火 人に会う日　　　　　　　　　　　　　　　　　[ボイド 16:57〜]
人に会ったり、会う約束をしたりする日。出会いの気配も。

27 水 ○人に会う日 ▶ プレゼントの日　　　　　　　　[ボイド 〜00:17]
他者との関係に、さらに一歩踏み込めるように。
☽「ギフト」のハウスで満月。人から「満を持して」手渡されるものがある。他者との融合。

28 木 プレゼントの日
人から貴重なものを受け取れる。提案を受ける場面も。

29 金 プレゼントの日 ▶ 旅の日　　　　　　　　　　　[ボイド 07:59〜09:25]
遠い場所との間に、橋が架かり始める。

30 土 旅の日
遠出したり、遠くから人が訪ねてくれたりする日。発信力も増す。
◆金星が「自分」のハウスに。あなたの魅力が輝く季節の到来。愛に恵まれる楽しい日々へ。

31 日 旅の日 ▶ 達成の日　　　　　　　　　　　　　[ボイド 14:20〜20:55]
意欲が湧く。はっきりした成果が出る時間へ。
◆木星が「任務」のハウスで順行へ。「新しい任務」のアップデート作業を再開する。

参考　カレンダー解説の文字・線の色

あなたの星座にとって星の動きがどんな意味を
持つか、わかりやすくカレンダーに書き込んで
みたのが、P.89からの「カレンダー解説」です。
色分けは厳密なものではありませんが、だいた
い以下のようなイメージで分けられています。

—— 赤色
インパクトの強い出来事、意欲や情熱、
パワーが必要な場面。

—— 水色
ビジネスや勉強、コミュニケーションなど、
知的な活動に関すること。

—— 紺色
重要なこと、長期的に大きな意味のある変化。
精神的な変化、健康や心のケアに関すること。

—— 緑色
居場所、家族に関すること。

—— ピンク色
愛や人間関係に関すること。嬉しいこと。

—— オレンジ色
経済活動、お金に関すること。

射手座 2023年の
カレンダー解説

● 解説の文字・線の色のイメージは P.88 をご参照下さい ●

1 ·JANUARY·

mon	tue	wed	thu	fri	sat	sun
						1
2	3	4	5	6	7	8
9	10	11	12	⑬	14	15
16	17	⑱	19	20	21	22
23	24	25	26	27	28	29
30	31					

1/13　2022年の夏からの「対決」が、10月末頃から一時停止気味だったなら、ここから「戦闘再開」になるかも。やりとり、交渉が進展し、3月下旬頃までに着地点に辿り着ける。

1/18　2022年の年末からの経済活動にまつわる混乱が正常化に向かう。物質的な条件が整理されていく。

1/27-2/20　家族や身近な人々と、あたたかな愛の交流を楽しめる。ここで発見した価値や願い、夢などが、3月頃から重要な目標へと変わるかも。

2 ·FEBRUARY·

mon	tue	wed	thu	fri	sat	sun
		1	2	3	4	5
6	7	8	9	10	11	12
13	14	15	16	17	18	19
20	21	22	23	24	25	26
27	28					

2/20-3/17　素晴らしい愛の季節。自分から愛の世界に飛び込んでいく人も。クリエイティブな活動において、大チャンスを掴める可能性が。

3 ·MARCH·

mon tue wed thu fri sat sun

		1	2	3	4	5
6	⑦	8	9	10	11	12
13	14	15	16	17	18	19
20	㉑	22	㉓	24	25	26
27	28	29	30	31		

3/7 仕事や対外的な活動において、大きな成果を出せる時。

3/7 ここから2026年頃にかけて、自分の王国を建設する作業が進む。責任が重みを増す。「大黒柱」のようなポジションに立つ人も。

3/21-4/20 愛やクリエイティブな活動において、強い意志と主体性を持ちたい時。自ら動いて望みを叶えられる時。

3/23 ここから2043年頃にかけて、コミュニケーションや身近な人との関わり、学びを通した非常に根源的な変容が起こる。移動をくり返しながら自分の生きる場所を探す人も。

4 ·APRIL·

mon tue wed thu fri sat sun

				1	2	
3	4	5	6	7	8	9
10	11	12	13	14	15	16
17	18	19	⑳	21	22	23
24	25	26	27	28	29	30

4/11-5/7 「対決」が終わった後で、愛と平和の時間が訪れる。

4/20 「愛が生まれる」時。とても嬉しいことが起こりそう。

5 ·MAY·

mon	tue	wed	thu	fri	sat	sun
1	2	3	4	5	⑥	7
8	9	10	11	12	13	14
15	16	⑰	18	19	20	㉑
22	23	24	25	26	27	28
29	30	31				

5/6 根の深い問題が不思議な経緯で解決に向かうかも。たとえば意外なところに問題の根っこがあるのがわかるとか。

5/17–2024/5/26 「役割・任務」を新たに創造できる季節へ。周囲の人々のニーズに応える方法を模索する。生活や健康状態がドラスティックに変わる可能性も。

5/21–10/9 旅や学びがとても盛り上がる。遠い世界、未知の世界に足を踏み入れて、多くを得られる時。

6 ·JUNE·

mon	tue	wed	thu	fri	sat	sun
				1	2	3	④
5	6	7	8	9	10	11
12	13	14	15	16	17	⑱
19	20	21	22	23	24	25
26	27	28	29	30		

6/4 努力が実を結ぶ時。大切なターニングポイント。ステップアップ、一皮むける時。

6/5–7/10 愛に強い追い風が吹く。学ぶこと、旅などもとても楽しくなる。高度な喜び。

6/18 公私ともに、特別な出会いがありそう。

7 ·JULY·

mon	tue	wed	thu	fri	sat	sun
					1	2
3	4	5	6	7	8	9
10	11	12	13	14	15	16
17	18	19	20	21	22	㉓
24	25	26	27	28	29	30
31						

7/10–8/27　とにかく忙しくなりそう。大チャレンジ、大活躍の時間帯。情熱的に挑戦して大きなものを勝ち取れる。

7/23–9/4　懐かしい場所に出かけてゆくことになるかも。長く離れていた大切な人との再会も。

8 ·AUGUST·

mon	tue	wed	thu	fri	sat	sun
	1	2	3	4	5	6
7	8	9	10	11	12	13
14	15	16	17	18	19	20
21	22	23	24	25	26	27
28	29	30	㉛			

8/24–9/16　立ち止まって見直しや振り返りをする時間帯。先に進めなくても焦らないで。

8/31　身近な人との関わりにおいて、大きな前進が起こる。お互いの問題意識を共有できる。

9 · SEPTEMBER ·

mon	tue	wed	thu	fri	sat	sun
				1	2	3
4	5	6	7	8	9	10
11	12	13	14	⑮	16	17
18	19	20	21	22	23	24
25	26	27	28	㉙	30	

9/15　新しいミッションが
スタートする。「お声がかか
る」気配も。

9/29　「愛が満ちる」時。愛
の決意のもとに、未来に向
かって新たな挑戦を始める
人も。意欲と愛のハーモニ
ー。

10 · OCTOBER ·

mon	tue	wed	thu	fri	sat	sun
						1
2	3	4	5	6	7	8
9	10	11	⑫	13	14	⑮
16	17	18	19	20	21	22
23	24	25	26	27	28	㉙
30	31					

10/12–11/24　大事な問題
解決のプロセスが展開する。
自ら深い場所に手を突っ込
んで解決できることがある。
無意識に逃げてきたことと
向き合える。

10/15　ひょんなことから
素敵な友だちや仲間ができ
るかも。同じ目標を追いか
ける人との、偶然の出会い
とか。

10/29　意外な経緯で重要
な任務を任されることにな
るかも。あるいは、突然、生
活のスタイルががらりと変
わる可能性も。

11 · NOVEMBER ·

mon	tue	wed	thu	fri	sat	sun
		1	2	3	4	5
6	7	⑧	9	10	11	12
13	14	15	16	17	18	19
20	21	22	23	24	25	26
㉗	28	29	30			

11/8–12/5　人に恵まれる時。利害や立場を超えた人々との交流が膨らむ。

11/10–2024/1/23　新しいことがどんどんスタートする。また、過去にやり残したことに再挑戦するチャンスも巡ってくる。「自分」にスポットライトが当たる時。肉体改造などを始める人も。

11/27　誰かとの関係が大きく進展する。愛に溢れる関わり、大切な約束。

12 · DECEMBER ·

mon	tue	wed	thu	fri	sat	sun
				1	2	3
4	5	6	7	8	9	10
11	12	⑬	14	15	16	17
18	19	20	21	22	23	24
25	26	27	28	29	㉚	㉛

12/13　重要なスタートライン。過去を見つめた上で、その延長線上に新たな石を積んでいく。

12/30・31　ふわりと調子が上向きに。愛にも強い追い風が吹く。意欲が湧き、やるべきことを「楽しみ」として捉え直せる。

2023年のプチ占い（天秤座〜魚座）

天秤座（9/24-10/23生まれ）

「出会いの時間」が5月まで続く。公私ともに素敵な出会い・関わりに恵まれる。パートナーを得る人も。6月から10月上旬は交友関係に愛が満ちる。視野が広がり、より大きな場に立つことになる年。

蠍座（10/24-11/22生まれ）

特別な「縁」が結ばれる年。不思議な経緯、意外な展開で、公私ともに新しい関わりが増えていく。6月から10月上旬、キラキラのチャンスが巡ってきそう。嬉しい役割を得て、楽しく活躍できる年。

射手座（11/23-12/21生まれ）

年の前半は「愛と創造の時間」の中にある。誰かとの真剣勝負に挑んでいる人も。年の半ばを境に、「役割を作る」時間に入る。新たな任務を得ることになりそう。心身の調子が上向く。楽しい冒険旅行も。

山羊座（12/22-1/20生まれ）

「居場所を作る」時間が5月まで続く。新たな住処を得る人、家族を得る人も。5月以降は「愛と創造の時間」へ。自分自身を解放するような、大きな喜びを味わえそう。経済的にも上昇気流が生じる。

水瓶座（1/21-2/19生まれ）

2020年頃からのプレッシャーから解放される。孤独感が和らぎ、日々を楽しむ余裕を持てる。5月以降は素晴らしい愛と創造の時間へ。人を愛することの喜び、何かを生み出すことの喜びに満ちる。

魚座（2/20-3/20生まれ）

強い意志をもって行動できる年。時間をかけてやり遂げたいこと、大きなテーマに出会う。経済的に強い追い風が吹く。年の半ば以降、素晴らしいコミュニケーションが生まれる。自由な学びの年。

（※牡羊座〜乙女座はP.30）

星のサイクル
冥王星

✿ 冥王星のサイクル

　2023年3月、冥王星が山羊座から水瓶座へと移動を開始します。この後も逆行・順行を繰り返しながら進むため、完全に移動が完了するのは2024年ですが、この3月から既に「水瓶座冥王星時代」に第一歩を踏み出すことになります。冥王星が山羊座入りしたのは2008年、それ以来の時間が、新しい時間へと移り変わってゆくのです。冥王星は根源的な変容、破壊と再生、隠された富、深い欲望などを象徴する星です。2008年はリーマン・ショックで世界が震撼した年でしたが、2023年から2024年もまた、時代の節目となるような象徴的な出来事が起こるのかもしれません。この星が星座から星座へと移動する時、私たちの人生にはどんな変化が感じられるでしょうか。次のページでは冥王星のサイクルを年表で表現し、続くページで各時代があなたの星座にとってどんな意味を持つか、少し詳しく説明しました。そしてさらに肝心の、2023年からの「水瓶座冥王星時代」があなたにとってどんな時間になるか、考えてみたいと思います。

◆◇○○◆◇○○◆◇○○◆◇○○◆◇○○◆◇○○◆◇○○◆◇○○◆◇○○◆◇○◆

冥王星のサイクル年表 （詳しくは次のページへ）

時　期	射手座のあなたにとってのテーマ
1912年 - 1939年	他者の人生と自分の人生の結節点・融合点
1937年 - 1958年	「外部」への出口を探し当てる
1956年 - 1972年	人生全体を賭けられる目標を探す
1971年 - 1984年	友情、社会的生活の再発見
1983年 - 1995年	内面化された規範意識との対決
1995年 - 2008年	キャラクターの再構築
2008年 - 2024年	経済力、価値観、欲望の根本的再生
2023年 - 2044年	コミュニケーションの「迷路」を抜けてゆく
2043年 - 2068年	精神の最深部への下降、子供だった自分との再会
2066年 - 2097年	愛や創造的活動を通して、「もう一人の自分」に出会う
2095年 - 2129年	「生活」の根源的ニーズを発見する
2127年 - 2159年	他者との出会いにより、人生が変わる

※時期について／冥王星は順行・逆行を繰り返すため、星座の境界線を何度か往復してから移動を完了する。上記の表で、開始時は最初の移動のタイミング、終了時は移動完了のタイミング。

◆◇○○◆◇○○◆◇○○◆◇○○◆◇○○◆◇○○◆◇○○◆◇○○◆◇○○◆◇○◆

◆ **1912-1939年　他者の人生と自分の人生の結節点・融合点**

誰の人生も、自分だけの中に閉じた形で完結していません。他者の人生となんらかの形で融け合い、混じり合い、深く影響を与え合っています。時には境目が曖昧になり、ほとんど一体化することもあります。この時期はそうした「他者の人生との連結・融合」という、特別なプロセスが展開します。

◆ **1937-1958年　「外部」への出口を探し当てる**

「人間はどこから来て、どこに行くのだろう」「宇宙の果てには、何があるのだろう」「死んだ後は、どうなるのだろう」。たとえばそんな問いを、誰もが一度くらいは考えたことがあるはずです。この時期はそうした問いに、深く突っ込んでいくことになります。宗教や哲学などを通して、人生が変わる時です。

◆ **1956-1972年　人生全体を賭けられる目標を探す**

人生において最も大きな山を登る時間です。この社会において自分が持てる最大の力とはどんなものかを、徹底的に追求することになります。社会的成功への野心に、強烈に突き動かされます。「これこそが人生の成功だ」と信じられるイメージが、この時期の体験を通して根本的に変わります。

◆ **1971-1984年　友情、社会的生活の再発見**

友達や仲間との関わり、「他者」の集団に身を置くことで自分を変えたい、という強い欲求が生まれます。自分を変えてくれるものこそはこれから出会う新たな友人である、というイメージが心を支配します。この広い世界と自分とをどのように結びつけ、居場所を得るかという大問題に立ち向かえる時です。

◆ 1983-1995年 内面化された規範意識との対決

自分の中で否定してきたこと、隠蔽してきたこと、背を向けてきたことの全てが、生活の水面上に浮かび上がる時です。たとえば何かが非常に気になったり、あるものを毛嫌いしたりする時、そこには自分の「内なるもの」がありありと映し出されています。精神の解放への扉を、そこに見いだせます。

◆ 1995-2008年 キャラクターの再構築

「自分はこういう人間だ」「自分のキャラクターはこれだ」というイメージが根源的に変容する時期です。まず、自分でもコントロールできないような大きな衝動に突き動かされ、「自分らしくないこと」の方向に向かい、その結果、過去の自分のイメージが消え去って、新たなセルフイメージが芽生えます。

◆ 2008-2024年 経済力、価値観、欲望の根本的再生

乗り物もない遠方で、突然自分の手では運べないほどの宝物を贈られたら、どうすればいいでしょうか。たとえばそんな課題から変容のプロセスがスタートします。強烈な欲望の体験、膨大な富との接触、その他様々な「所有・獲得」の激しい体験を通して、欲望や価値観自体が根源的に変化する時です。

◆ 2023-2044年 コミュニケーションの「迷路」を抜けてゆく

これまで疑問を感じなかったことに、いちいち「?」が浮かぶようになります。「そういうものなのだ」と思い込んでいたことへの疑念が生活の随所に浮上します。そこから思考が深まり、言葉が深みを増し、コミュニケーションが迷路に入り込みます。この迷路を抜けたところに、知的変容が完成します。

◆**2043-2068年 精神の最深部への下降、子供だった自分との再会**
不意に子供の頃の思い出と感情がよみがえり、その思いに飲み込まれるような状態になりやすい時です。心の階段を一段一段降りてゆき、より深い精神的世界へと触れることになります。この体験を通して、現代の家庭生活や人間関係、日常の風景が大きく変化します。「心」が根源的変容を遂げる時です。

◆**2066-2097年 愛や創造的活動を通して、「もう一人の自分」に出会う**
圧倒的な愛情が生活全体を飲み込む時です。恋愛、子供への愛、そのほかの存在への愛が、一時的に人生の「すべて」となることもあります。この没入、陶酔、のめり込みの体験を通して、人生が大きく変化します。個人としての感情を狂おしいほど生きられる時間です。創造的な活動を通して財を築く人も。

◆**2095-2129年 「生活」の根源的ニーズを発見する**
物理的な「身体」、身体の一部としての精神状態、現実的な「暮らし」が、根源的な変容のプロセスに入る時です。常識や社会のルール、責任や義務などへの眼差しが変化します。たとえば過酷な勤務とそこからの離脱を通して、「人生で最も大事にすべきもの」がわかる、といった経験をする人も。

◆**2127-2159年 他者との出会いにより、人生が変わる**
一対一の人間関係において、火山の噴火のような出来事が起こる時です。人間の内側に秘められたエネルギーが他者との関わりをきっかけとして噴出し、お互いにそれをぶつけ合うような状況が生じることも。その結果、人間として見違えるような変容を遂げることになります。人生を変える出会いの時間です。

～2023年からのあなたの「冥王星時代」～
コミュニケーションの「迷路」を抜けてゆく

2008年頃から今に至るまで、「お金」や「もの」に関して強烈な体験をした人が少なくないはずです。収入の形が大きく変わったり、お金やものに対する強烈な執着・支配関係を経験したりした人もいるでしょう。巨大な富を手にした人、全てを失ってゼロから立て直すことを余儀なくされた人、欲望と生活を折り合わせるのに苦労を強いられた人もいるかもしれません。こうした、欲望と物質的条件にまつわる体験を通して、「自分の人生には何が必要なのか」「自分は何を生産しうるのか」などの認識を新たにしてきたのではないでしょうか。お金やものに関する価値観は、2008年頃の自分と今を比べると、様変わりしているはずです。

2023年から、あなたの情熱や欲望は「知の世界」へと向かっていくかもしれません。知識や資格、スキルなどへの憧れが高まり、徹底的にそうしたものを身につけようとするかもしれません。表面的な対話にガマンができず、いろいろな人に濃い議論を求める人もいるかもしれません。この時期のコミュニケーションは

複雑化・先鋭化しやすく、そのために日常的な人間関係にひびが入ることもあるようです。また、「社会の闇を暴くジャーナリズム」とか、「内部告発」のようなコミュニケーションを経験する人もいるでしょう。「ペンは剣よりも強し」と言われるように、言葉は人を救うこともあれば、深く傷つけることもある、強力なものです。昨今はSNSでの誹謗中傷などが社会問題化しつつありますが、この時期「舌禍」には特に注意が必要です。自分自身の言葉の威力、他者に与える影響力の重みに気づかされるのです。人生観や社会的な価値観が激変する時でもあります。なんらかの思想にのめり込んだり、宗教を信仰したりする人もいるでしょう。「教え」を求めたくなるのは、「もっと深遠な真理がこの世には存在するはずだ」という強烈な直観が生じるからです。ある思想信条を熱烈に支持した後、熱が冷めたように現実に立ち返る人もいます。でも、ある思想の世界を通り抜けたという体験は、あなたに新しい視野と知的活力をもたらします。またこの時期、旅は人生を変える重要な契機となります。旅先での出会いが嵐のように心を奪う、といった展開もありそうです。

HOSHIORI

12星座プロフィール

射手座のプロフィール
冒険の星座

キャラクター

◆冒険と挑戦の星座

　射手座は「冒険」の星座です。冒険とは「危険を冒す」と書きます。この世界は危険で溢れていて、人間の歴史は人間と自然の闘い、人間と人間の戦いの歴史と言えるかもしれません。人類は自分たちを脅かすものがいるかもしれない「外の世界」へと、常にリスクを負って歩を進め、未開拓な自然界を「人間の住む世界」へと変えてきました。人間の心の中には、安全の中に住んでいたいという思いと、未知の世界を知りたいという思いの両方がせめぎ合っていますが、こと射手座の世界では、後者が断然優位なのです。

◆旅の目的

　知っている道は歩きたくない、目的地のわかっている旅はしたくない、といった思いが、射手座の人の心には常に満ちています。世の中には、旅に出るときには細かく行き先と旅程を決めて、予めできるだけ多くの情報を取得しておく、という人もたくさんいますが、射手座の人にとって

は、そんな旅は「するだけ無駄」と思えるかもしれません。「何が待っているかわからないからこそ、出かけていく」のが射手座の旅なのです。ゆえに、射手座の人々は驚くほど遠くまで旅に出ます。帰り道のことはあまり気にしていないようです。

◈ 熱狂の星座

射手座の人々は熱い魂を持っていて、情熱に突き動かされるようにして行動します。ですが、その魂に「火がつかない」状態のときは、至って暢気で、怠惰と言えるほどののんびりぶりを発揮します。つまり、せっかちなほど動き回るときと、じっと動かないときとのメリハリが非常に激しいのです。いわゆる「お祭り屋」のように、イベントがあるときだけは精力的に働くけれど、気が乗らないことは一切やらない、という、ある意味正直な人々と言えます。

射手座の人々は非常に誇り高く、人の後についていくことを好みません。目上の人とも対等に接し、自説を曲げることはありません。人の意見に縛られない、ということは、決して「人の意見を聞かない」ということではありません。射手座の人々はむしろ、人と議論し合うことを好みます。議論の中で、自分が何ものからも自由であることを確かめ、大きく飛躍しようとするのです。

チームワークを統御することが得意な傾向がありますが、決して「みんな一緒に」行動することが好きなわけではありません。射手座の人が好むチームワークは、互いに一匹狼のような存在を寄せ集めて、うまくその力を結びつけて動かす、といった体のものです。いわゆる「仲良しクラブ」ではなく、ヒリヒリするような緊張感や競争があるチームのほうが、射手座の人は「燃える」傾向があります。つまり、チームであっても「自由」であることを、自他に求めるのです。

◆ 普遍性と哲学の星座

射手座の人々が「未知の世界」への冒険を好むのは、ある一つの信念がその心を貫いているからであるようです。その信念とは、「この世には普遍的な真理がある」という信念です。たとえば、私たちの生きる世界にはたくさんの文化や言語があり、少しでも違う文化圏に行くと、想像もつかない価値観や世界観に触れることになります。言葉がわからなければ意思の疎通は困難ですし、ちょっとした誤解から深刻な諍いが発生することも珍しくありません。そうした「分断された世界」であっても、人間の心や善悪は、根っこのところで一つの真理に守られており、最終的には必ず、わかり合えるはずだ、というのが、射手座の信念なの

です。この信念は「楽観」と称されることもありますが、それほど軽々しいものではありません。射手座の人は気分屋で飽きっぽいと言われるのですが、その一方で、人間の心に対する一つの忠誠のようなものをかたく守っています。人の愛や、理解力や包容力、内なる精神的な気高さといったものを、射手座の人は深く信仰しており、その信仰に基づいて、どこまでも遠く旅をしながらも、懐かしい人々を忘れることはないのです。

支配星・神話

◆ 木星

射手座を支配する星は、木星です。ジュピター、ギリシャ神話ではゼウスは、神々の中でも最も偉大な神です。また、ゼウスは「雷の神様」でもあります。

最高位の神に支配されたこの星座は、最も高貴な精神と、高い知性を授けられています。

◆ 射手座の神話

射手座は、ケンタウルス族のケイローンをかたどった星座です。ケイローンは優れた医者であり、英雄たちを育てた教師でもあります。彼は太陽の神アポロンから音楽や医学を、月の女神アルテミスから狩りを学びました。

あるとき、勇者ヘラクレスの放った毒矢が、過ってケイローンの膝に当たりました。ケイローンは毒に苦しみましたが、永遠の命を持っているため、死ねませんでした。毒の苦しみに耐えかねた彼は、大神ゼウスに、自分の不死をプロメテウスに譲り、死なせてくれるようにと願いました。願いは聞き入れられ、ケイローンは安らかな死の眠りについたのです。

射手座の才能

　「リスクテイカー」という言葉がしばしば用いられます。リスクをとって勝負することが上手なのです。世の中では「ノーリスク」のことはほとんどありません。ゆえに、あなたのそのリスクを見極める才能と、リスクをとる勇敢な判断力が、どんな場でも必要とされるはずなのです。積極的な行動力、軽いフットワーク、広い視野を備えていて、細かいことにこだわりません。恬淡とした明るさ、過去を引きずらない柔軟さは、周囲の人の心をも軽く、動きやすくします。チャレンジが必要な分野ではいつも、無二の存在となれる人です。

牡羊座　はじまりの星座

I am.

素敵なところ

裏表がなく純粋で、自他を比較しません。明るく前向きで、正義感が強く、諍(いさか)いのあともさっぱりしています。欲しいものを欲しいと言える勇気、自己主張する勇気、誤りを認める勇気の持ち主です。

キーワード

勢い／勝負／果断／負けず嫌い／せっかち／能動的／スポーツ／ヒーロー・ヒロイン／華やかさ／アウトドア／草原／野生／丘陵／動物愛／議論好き／肯定的／帽子・頭部を飾るもの／スピード／赤

 ## 牡牛座　五感の星座

I have.

素敵なところ

感情が安定していて、態度に一貫性があります。知識や経験をたゆまずゆっくり、たくさん身につけます。穏やかでも不思議な存在感があり、周囲の人を安心させます。美意識が際立っています。

キーワード

感覚／色彩／快さ／リズム／マイペース／芸術／暢気(のんき)／贅沢／コレクション／一貫性／素直さと頑固さ／価値あるもの／美声・歌／料理／庭造り／変化を嫌う／積み重ね／エレガント／レモン色／白

 ## 双子座　知と言葉の星座

I think.

素敵なところ

イマジネーション能力が高く、言葉と物語を愛するユニークな人々です。フットワークが良く、センサーが敏感で、いくつになっても若々しく見えます。場の空気・状況を変える力を持っています。

キーワード

言葉／コミュニケーション／取引・ビジネス／相対性／比較／関連づけ／物語／比喩／移動／旅／ジャーナリズム／靴／天使・翼／小鳥／桜色／桃色／空色／文庫本／文房具／手紙

蟹座　感情の星座　　　　　　　　　I feel.

素敵なところ

心優しく、共感力が強く、人の世話をするときに手間を惜しみません。行動力に富み、人にあまり相談せずに大胆なアクションを起こすことがありますが、「聞けばちゃんと応えてくれる」人々です。

キーワード

感情／変化／月／守護・保護／日常生活／行動力／共感／安心／繰り返すこと／拒否／生活力／フルーツ／アーモンド／巣穴／胸部、乳房／乳白色／銀色／真珠

獅子座　意思の星座　　　　　　　　I will.

素敵なところ

太陽のように肯定的で、安定感があります。深い自信を持っており、側にいる人を安心させることができます。人を顔かせる力、一目置かせる力、パワー感を持っています。内面には非常に繊細な部分も。

キーワード

強さ／クールさ／肯定的／安定感／ゴールド／背中／自己表現／演技／芸術／暖炉／広場／人の集まる賑やかな場所／劇場・舞台／お城／愛／子供／緋色／パープル／緑

乙女座　分析の星座　　　　　　　I analyze.

素敵なところ

一見クールに見えるのですが、とても優しく世話好きな人々です。他者に対する観察眼が鋭く、シャープな批評を口にしますが、その相手の変化や成長を心から喜べる、「教育者」の顔を持っています。

キーワード

感受性の鋭さ／「気が利く」人／世話好き／働き者／デザイン／コンサバティブ／胃腸／神経質／分析／調合／変化／回復の早さ／迷いやすさ／研究家／清潔／ブルーブラック／空色／桃色

天秤座　関わりの星座

I balance.

素敵なところ

高い知性に恵まれると同時に、人に対する深い愛を抱いています。視野が広く、客観性を重視し、細やかな気遣いができます。内側には熱い情熱を秘めていて、個性的なこだわりや競争心が強い面も。

キーワード

人間関係／客観視／合理性／比較対象／美／吟味／審美眼／評価／選択／平和／交渉／結婚／諍い（いさか）／調停／パートナーシップ／契約／洗練／豪奢／黒／芥子色（からし）／深紅色／水色／薄い緑色／ベージュ

蠍座　情熱の星座

I desire.

素敵なところ

意志が強く、感情に一貫性があり、愛情深い人々です。一度愛したものはずっと長く愛し続けることができます。信頼に足る、芯の強さを持つ人です。粘り強く努力し、不可能を可能に変えます。

キーワード

融け合う心／継承／遺伝／魅力／支配／提供／共有／非常に古い記憶／放出／流動／隠されたもの／湖沼／果樹園／庭／葡萄酒／琥珀／茶色／濃い赤／カギつきの箱／ギフト

射手座　冒険の星座

I understand.

素敵なところ

冒険心に富む、オープンマインドの人々です。自他に対してごく肯定的で、恐れを知らぬ勇気と明るさで周囲を照らし出します。自分の信じるものに向かってまっすぐに生きる強さを持っています。

キーワード

冒険／挑戦／賭け／負けず嫌い／馬や牛など大きな動物／遠い外国／語学／宗教／理想／哲学／おおらかさ／自由／普遍性／スピードの出る乗り物／船／黄色／緑色／ターコイズブルー／グレー

山羊座　実現の星座　　　　　　　　　I use.

素敵なところ

夢を現実に変えることのできる人々です。自分個人の世界だけに収まる小さな夢ではなく、世の中を変えるような、大きな夢を叶えることができる力を持っています。優しく力強く、芸術的な人です。

キーワード

城を築く／行動力／実現／責任感／守備／権力／支配者／組織／芸術／伝統／骨董品／彫刻／寺院／華やかな色彩／ゴージャス／大きな楽器／黒／焦げ茶色／薄い茜色／深緑

 水瓶座　思考と自由の星座　　　　　　I know.

素敵なところ

自分の頭でゼロから考えようとする、澄んだ思考の持ち主です。友情に篤く、損得抜きで人と関わろうとする、静かな情熱を秘めています。ユニークなアイデアを実行に移すときは無二の輝きを放ちます。

キーワード

自由／友情／公平・平等／時代の流れ／流行／メカニズム／合理性／ユニセックス／神秘的／宇宙／飛行機／通信技術／電気／メタリック／スカイブルー／チェック、ストライプ

 魚座　透明な心の星座　　　　　　　　I believe.

素敵なところ

人と人とを分ける境界線を、自由自在に越えていく不思議な力の持ち主です。人の心にするりと入り込み、相手を支え慰めることができます。場や世界を包み込むような大きな心を持っています。

キーワード

変容／変身／愛／海／救済／犠牲／崇高／聖なるもの／無制限／変幻自在／天衣無縫／幻想／瞑想／蠱惑／エキゾチック／ミステリアス／シースルー／黎明／白／ターコイズブルー／マリンブルー

HOSHIORI

用語解説

星の逆行

星占いで用いる星々のうち、太陽と月以外の惑星と冥王星は、しばしば「逆行」します。これは、星が実際に軌道を逆走するのではなく、あくまで「地球からそう見える」ということです。

たとえば同じ方向に向かう特急電車が普通電車を追い抜くとき、相手が後退しているように見えます。「星の逆行」は、この現象に似ています。地球も他の惑星と同様、太陽のまわりをぐるぐる回っています。ゆえに一方がもう一方を追い抜くとき、あるいは太陽の向こう側に回ったときに、相手が「逆走している」ように見えるのです。

星占いの世界では、星が逆行するとき、その星の担うテーマにおいて停滞や混乱、イレギュラーなことが起こる、と解釈されることが一般的です。ただし、この「イレギュラー」は「不運・望ましくない展開」なのかというと、そうではありません。

私たちは自分なりの推測や想像に基づいて未来の計画を立て、無意識に期待し、「次に起こること」を待ち受けます。その「待ち受けている」場所に思い通りのボールが飛んでこなかったとき、苛立ちや焦り、不安などを感じます。でも、そのこと自体が「悪いこと」かというと、決してそうではないはずです。なぜなら、人間の推測や想像には、限界があるか

らです。推測通りにならないことと、「不運」はまったく別の
ことです。

　星の逆行時は、私たちの推測や計画と、実際に巡ってくる
未来とが「噛み合いにくい」ときと言えます。ゆえに、現実
に起こる出来事全体が、言わば「ガイド役・導き手」となり
ます。目の前に起こる出来事に導いてもらうような形で先に
進み、いつしか、自分の想像力では辿り着けなかった場所に
「つれていってもらえる」わけです。

　水星の逆行は年に三度ほど、一回につき3週間程度で起こ
ります。金星は約1年半ごと、火星は2年に一度ほど、他の
星は毎年太陽の反対側に回る数ヵ月、それぞれ逆行します。

　たとえば水星逆行時は、以下のようなことが言われます。

◆ 失せ物が出てくる／この時期なくしたものはあとで出てくる

◆ 旧友と再会できる

◆ 交通、コミュニケーションが混乱する

◆ 予定の変更、物事の停滞、遅延、やり直しが発生する

　これらは「悪いこと」ではなく、無意識に通り過ぎてしまっ
た場所に忘れ物を取りに行くような、あるいは、トンネル
を通って山の向こうへ出るような動きです。掛け違えたボタ
ンを外してはめ直すようなことができる時間なのです。

ボイドタイム―月のボイド・オブ・コース

　ボイドタイムとは、正式には「月のボイド・オブ・コース」となります。実は、月以外の星にもボイドはあるのですが、月のボイドタイムは3日に一度という頻度で巡ってくるので、最も親しみやすい（？）時間と言えます。ボイドタイムの定義は「その星が今いる星座を出るまで、他の星とアスペクト（特別な角度）を結ばない時間帯」です。詳しくは占星術の教科書などをあたってみて下さい。

　月のボイドタイムには、一般に、以下のようなことが言われています。

◆予定していたことが起こらない／想定外のことが起こる

◆ボイドタイムに着手したことは無効になる

◆期待通りの結果にならない

◆ここでの心配事はあまり意味がない

◆取り越し苦労をしやすい

◆衝動買いをしやすい

◆この時間に占いをしても、無効になる。意味がない

　ボイドをとても嫌う人も少なくないのですが、これらをよく見ると、「悪いことが起こる」時間ではなく、「あまりいろいろ気にしなくてもいい時間」と思えないでしょうか。

とはいえ、たとえば大事な手術や面接、会議などがこの時間帯に重なっていると「予定を変更したほうがいいかな？」という気持になる人もいると思います。

　この件では、占い手によっても様々に意見が分かれます。その人の人生観や世界観によって、解釈が変わり得る要素だと思います。

　以下は私の意見なのですが、大事な予定があって、そこにボイドや逆行が重なっていても、私自身はまったく気にしません。

　では、ボイドタイムは何の役に立つのでしょうか。一番役に立つのは「ボイドの終わる時間」です。ボイド終了時間は、星が星座から星座へ、ハウスからハウスへ移動する瞬間です。つまり、ここから新しい時間が始まるのです。

　たとえば、何かうまくいかないことがあったなら、「365日のカレンダー」を見て、ボイドタイムを確認します。もしボイドだったら、ボイド終了後に、物事が好転するかもしれません。待っているものが来るかもしれません。辛い待ち時間や気持ちの落ち込んだ時間は、決して「永遠」ではないのです。

　本書では月の位置している星座から、自分にとっての「ハウス」を読み取り、毎日の「月のテーマ」を紹介しています。ですが月にはもう一つの「時計」としての機能があります。それは、「満ち欠け」です。

　月は1ヵ月弱のサイクルで満ち欠けを繰り返します。夕方に月がふと目に入るのは、新月から満月へと月が膨らんでいく時間です。満月から新月へと月が欠けていく時間は、月が夜遅くから明け方でないと姿を現さなくなります。

　夕方に月が見える・膨らんでいく時間は「明るい月の時間」で、物事も発展的に成長・拡大していくと考えられています。一方、月がなかなか出てこない・欠けていく時間は「暗い月の時間」で、物事が縮小・凝縮していく時間となります。

　これらのことはもちろん、科学的な裏付けがあるわけではなく、あくまで「古くからの言い伝え」に近いものです。

　新月と満月のサイクルは「時間の死と再生のサイクル」です。このサイクルは、植物が繁茂しては枯れ、種によって子孫を残す、というイメージに重なります。「死」は本当の「死」ではなく、種や球根が一見眠っているように見える、その状態を意味します。

　そんな月の時間のイメージを、図にしてみました。

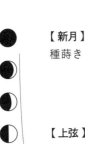

【新月】
種蒔き

芽が出る、新しいことを始める、目標を決める、新品を下ろす、髪を切る、悪癖をやめる、コスメなど、古いものを新しいものに替える

【上弦】
成長

勢い良く成長していく、物事を付け加える、増やす、広げる、決定していく、少し一本調子になりがち

【満月】
開花、
結実

達成、到達、充実、種の拡散、実を収穫する、人間関係の拡大、ロングスパンでの計画、このタイミングにゴールや〆切りを設定しておく

【下弦】
貯蔵、
配分

加工、貯蔵、未来を見越した作業、不要品の処分、故障したものの修理、古物の再利用を考える、蒔くべき種の選別、ダイエット開始、新月の直前、材木を切り出す

【新月】
次の
種蒔き

新しい始まり、仕切り直し、軌道修正、過去とは違った選択、変更

月のフェーズ

以下、月のフェーズを六つに分けて説明してみます。

● 新月　New moon

「スタート」です。時間がリセットされ、新しい時間が始まる！というイメージのタイミングです。この日を境に悩みや迷いから抜け出せる人も多いようです。とはいえ新月の当日は、気持ちが少し不安定になる、という人もいるようです。細い針のような月が姿を現す頃には、フレッシュで爽やかな気持ちになれるはずです。日食は「特別な新月」で、1年に二度ほど起こります。ロングスパンでの「始まり」のときです。

● 三日月〜 ● 上弦の月　Waxing crescent - First quarter moon

ほっそりした月が半月に向かうに従って、春の草花が生き生きと繁茂するように、物事が勢い良く成長・拡大していきます。大きく育てたいものをどんどん仕込んでいけるときです。

● 十三夜月〜小望月(こもちづき)　Waxing gibbous moon

少量の水より、大量の水を運ぶときのほうが慎重さを必要とします。それにも似て、この時期は物事が「完成形」に近づき、細かい目配りや粘り強さ、慎重さが必要になるようです。一歩一歩確かめながら、満月というゴールに向かいます。

○ 満月　Full moon

新月からおよそ2週間、物事がピークに達するタイミングです。文字通り「満ちる」ときで、「満を持して」実行に移せることもあるでしょう。大事なイベントが満月の日に計画されている、ということもよくあります。意識してそうしたのでなくとも、関係者の予定を繰り合わせたところ、自然と満月前後に物事のゴールが置かれることがあるのです。

月食は「特別な満月」で、半年から1年といったロングスパンでの「到達点」です。長期的なプロセスにおける「折り返し地点」のような出来事が起こりやすいときです。

◑ 十六夜の月〜寝待月　Waning gibbous moon

樹木の苗や球根を植えたい時期です。時間をかけて育てていくようなテーマが、ここでスタートさせやすいのです。また、細くなっていく月に擬えて、ダイエットを始めるのにも良い、とも言われます。植物が種をできるだけ広くまき散らそうとするように、人間関係が広がるのもこの時期です。

◑ 下弦の月〜 ◐ 二十六夜月　Last quarter - Waning crescent moon

秋から冬に球根が力を蓄えるように、ここでは「成熟」がテーマとなります。物事を手の中にしっかり掌握し、力をためつつ「次」を見据えてゆっくり動くときです。いたずらに物珍しいことに踊らされない、どっしりした姿勢が似合います。

（1930〜2025年／日本時間）

太陽が射手座に滞在する時間帯を下記の表にまとめました。
これより前は蠍座、これより後は山羊座ということになります。

生まれた年	期　間	生まれた年	期　間
1930	11/23　9:34 ～ 12/22 22:39	1954	11/23　5:14 ～ 12/22 18:23
1931	11/23 15:25 ～ 12/23　4:29	1955	11/23 11:01 ～ 12/23　0:10
1932	11/22 21:10 ～ 12/22 10:13	1956	11/22 16:50 ～ 12/22　5:59
1933	11/23　2:53 ～ 12/22 15:57	1957	11/22 22:39 ～ 12/22 11:48
1934	11/23　8:44 ～ 12/22 21:48	1958	11/23　4:29 ～ 12/22 17:39
1935	11/23 14:35 ～ 12/23　3:36	1959	11/23 10:27 ～ 12/22 23:33
1936	11/22 20:25 ～ 12/22　9:26	1960	11/22 16:18 ～ 12/22　5:25
1937	11/23　2:17 ～ 12/22 15:21	1961	11/22 22:08 ～ 12/22 11:18
1938	11/23　8:06 ～ 12/22 21:12	1962	11/23　4:02 ～ 12/22 17:14
1939	11/23 13:59 ～ 12/23　3:05	1963	11/23　9:49 ～ 12/22 23:01
1940	11/22 19:49 ～ 12/22　8:54	1964	11/22 15:39 ～ 12/22　4:49
1941	11/23　1:38 ～ 12/22 14:43	1965	11/22 21:29 ～ 12/22 10:39
1942	11/23　7:30 ～ 12/22 20:39	1966	11/23　3:14 ～ 12/22 16:27
1943	11/23 13:22 ～ 12/23　2:28	1967	11/23　9:04 ～ 12/22 22:15
1944	11/22 19:08 ～ 12/22　8:14	1968	11/22 14:49 ～ 12/22　3:59
1945	11/23　0:55 ～ 12/22 14:03	1969	11/22 20:31 ～ 12/22　9:43
1946	11/23　6:46 ～ 12/22 19:52	1970	11/23　2:25 ～ 12/22 15:35
1947	11/23 12:38 ～ 12/23　1:42	1971	11/23　8:14 ～ 12/22 21:23
1948	11/22 18:29 ～ 12/22　7:32	1972	11/22 14:03 ～ 12/22　3:12
1949	11/23　0:16 ～ 12/22 13:22	1973	11/22 19:54 ～ 12/22　9:07
1950	11/23　6:03 ～ 12/22 19:12	1974	11/23　1:38 ～ 12/22 14:55
1951	11/23 11:51 ～ 12/23　0:59	1975	11/23　7:31 ～ 12/22 20:45
1952	11/22 17:36 ～ 12/22　6:42	1976	11/22 13:22 ～ 12/22　2:34
1953	11/22 23:22 ～ 12/22 12:30	1977	11/22 19:07 ～ 12/22　8:22

生まれ た年	期　　間
1978	11/23　1:05　~ 12/22　14:20
1979	11/23　6:54　~ 12/22　20:09
1980	11/22　12:41　~ 12/22　1:55
1981	11/22　18:36　~ 12/22　7:50
1982	11/23　0:23　~ 12/22　13:37
1983	11/23　6:18　~ 12/22　19:29
1984	11/22　12:11　~ 12/22　1:22
1985	11/22　17:51　~ 12/22　7:07
1986	11/22　23:44　~ 12/22　13:01
1987	11/23　5:29　~ 12/22　18:45
1988	11/22　11:12　~ 12/22　0:27
1989	11/22　17:05　~ 12/22　6:21
1990	11/22　22:47　~ 12/22　12:06
1991	11/23　4:36　~ 12/22　17:53
1992	11/22　10:26　~ 12/21　23:42
1993	11/22　16:07　~ 12/22　5:25
1994	11/22　22:06　~ 12/22　11:22
1995	11/23　4:01　~ 12/22　17:16
1996	11/22　9:49　~ 12/21　23:05
1997	11/22　15:48　~ 12/22　5:06
1998	11/22　21:34　~ 12/22　10:55
1999	11/23　3:25　~ 12/22　16:43
2000	11/22　9:19　~ 12/21　22:36
2001	11/22　15:02　~ 12/22　4:22

生まれ た年	期　　間
2002	11/22　20:55　~ 12/22　10:14
2003	11/23　2:44　~ 12/22　16:04
2004	11/22　8:23　~ 12/21　21:42
2005	11/22　14:16　~ 12/22　3:35
2006	11/22　20:03　~ 12/22　9:22
2007	11/23　1:51　~ 12/22　15:08
2008	11/22　7:45　~ 12/21　21:04
2009	11/22　13:24　~ 12/22　2:47
2010	11/22　19:16　~ 12/22　8:39
2011	11/23　1:09　~ 12/22　14:30
2012	11/22　6:51　~ 12/21　20:12
2013	11/22　12:49　~ 12/22　2:11
2014	11/22　18:39　~ 12/22　8:03
2015	11/23　0:26　~ 12/22　13:48
2016	11/22　6:24　~ 12/21　19:44
2017	11/22　12:06　~ 12/22　1:28
2018	11/22　18:03　~ 12/22　7:23
2019	11/22　23:59　~ 12/22　13:20
2020	11/22　5:41　~ 12/21　19:02
2021	11/22　11:35　~ 12/22　0:59
2022	11/22　17:21　~ 12/22　6:48
2023	11/22　23:03　~ 12/22　12:27
2024	11/22　4:57　~ 12/21　18:20
2025	11/22　10:36　~ 12/22　0:02

おわりに

　これを書いているのは2022年8月なのですが、日本では新型コロナウイルスが「第7波」がピークを迎え、身近にもたくさんの人が感染するのを目の当たりにしています。2020年頃から世界を覆い始めた「コロナ禍」はなかなか収束の出口が見えないまま、多くの人を飲み込み続けています。今や世の中は「コロナ」に慣れ、意識の外側に置こうとしつつあるかのようにも見えます。

　2020年は土星と木星が同時に水瓶座入りした年で、星占い的には「グレート・コンジャンクション」「ミューテーション」など、時代の節目の時間として大いに話題になりました。2023年はその土星が水瓶座を「出て行く」年です。水瓶座は「風の星座」であり、ごく広い意味では「風邪」のような病気であった（症状は命に関わる酷いもので、単なる風邪などとはとても言えませんが！）COVID-19が、ここで土星と一緒に「退場」してくれれば！と、心から願っています。

　年次版の文庫サイズ『星栞』は、本書でシリーズ4作目となりました。表紙イラストのモチーフ「スイーツ」は、

2023年5月に木星が牡牛座に入ること、金星が獅子座に長期滞在することから、選んでみました。牡牛座は「おいしいもの」と関係が深い星座で、獅子座は華やかさ、表現力の世界です。美味しくて華やかなのは「お菓子！」だと思ったのです。また、「コロナ禍」が続く中で多くの人が心身に重大な疲労を蓄積し、自分で思うよりもずっと大きな苦悩を抱えていることも意識にありました。「甘いモノが欲しくなる時は、疲れている時だ」と言われます。かつて私も、猛烈なストレスを耐えて生きていた頃、毎日スーパーでちいさなフロランタンを買い、仕事帰りに齧(かじ)っていました。何の理性的根拠もない「占い」ですが、時に人の心に希望をもたらす「溺れる者の藁(わら)」となることもあります。2023年、本書が読者の方の心に、小さな甘いキャンディのように響くことがあれば、と祈っています。

星栞　2023年の星占い
射手座

2022年9月30日　第1刷発行

著者　　石井ゆかり

発行人　石原正康
発行元　株式会社 幻冬舎コミックス
　　　　〒151-0051　東京都渋谷区千駄ヶ谷4-9-7
　　　　電話　03-5411-6431（編集）
発売元　株式会社 幻冬舎
　　　　〒151-0051　東京都渋谷区千駄ヶ谷4-9-7
　　　　電話　03-5411-6222（営業）
　　　　振替　00120-8-767643

印刷・製本所：株式会社 光邦
デザイン：竹田麻衣子（Lim）
DTP：株式会社 森の印刷屋、安居大輔（Dデザイン）
STAFF：齋藤至代（幻冬舎コミックス）、
　　　　佐藤映湖・滝澤 航（オーキャン）、三森定史
装画：砂糖ゆき